안평 가는 길

안평 가는 길

이인우 지음

이담 Books

　제가 안평중학교에 근무한 지도 4년 6개월이 지났습니다. 어설픈 글이 아름다운 안평을 욕되게 하지는 않았나 하는 자괴감이 앞섭니다.

　우리가 살아가는 세상은 부정적인 것과 긍정적인 것이 공존하는 것 같습니다. 지난 2005년 경상북도교육청 홈페이지 '교육 함께 생각합시다'란에 이 글 일부를 탑재한 일이 있습니다. 동기는 단순합니다. 그해는 학년 초부터 경북교육계의 무슨 비리다 하여 부정적인 글로 가득했습니다. 그 글을 우연히 읽고 부정적인 글 사이에 긍정적인 글을 공존시키고 싶었습니다. 교육현장에는 긍정적인 일도 많다는 것을 말하고 싶었던 것입니다. 그러다 보니 그해 서른 편이나 탑재하게 되었습니다. 또 2006년과 2007년에 걸쳐 안동에서 발간하는 격월간지인 향토사랑방 [안동]지에 이 글 몇 편을 연재 했습니다. 보잘것없는 글을 읽어 주시고 격려를 아끼지 않으셨던 많은 분들에게 고마움을 느꼈습니다.

저는 안평을 사랑합니다. 풀 한 포기 돌 하나에도 무한의 고마움과 정을 느낍니다. 천사 같은 우리 학생들, 열네 분의 교직원들, 순박하고 정직한 주민들을 사랑합니다. 이 글의 바탕은 안평을 사랑하는 마음입니다. 소재는 학생, 주민, 마을의 풍경과 정취를 교사의 작은 시선으로 다가선 것들입니다.

2005년 3월 1일이 이 학교에 발령받은 날인데 교장도 교감도 교무부장도 모두 전근을 가시게 되어 부임도 하지 않은 교사가 입학식 등 새 학기 준비를 하며 봄방학을 보냈는데 벌써 만기인 5년이 되었습니다.

이곳에 오고 첫가을은 아름다운 풍경에 취했었습니다. 단풍은 안개길을 따라 오다가 포도까지 내려와 행인을 맞이했었습니다. 지난해 가을은 우리 학교 학생들에게 취했었습니다. 일찍 등교한 학생들의 소곤거림과 은행, 고구마, 배추, 무 추수를 체험학습하며 가을을 보냈습니다.

이제 다섯 번째 가을이 다가올 것입니다. 안평을 사랑하는 모든 분들과 우리를 거두어 주는 자연에 취할 순서가 된 것 같습니다.

낙엽은 소리 없이 왔다가 흔적 없이 사라질 것입니다. 오늘 따라 하얀색 차 위에 내려앉은 노란 은행잎이 한층 더 아름다울 것이라는 상상을 해 봅니다.

2009. 9. 추천서재에서
이인우

목 차

2005년도

2006년도

2009년도

2005 년도

운산

운산에서 안평 가는 길은 내 고향 같은 시골길이다.

안동시내에서 16㎞ 정도 대구 방향으로 달리다 왕복 4차선을 버리고, 2차선 지방도로로 들어서는 곳이 운산이다. 산이 구름을 안고 있는 곳, 사람을 기다리는 신호등이 외로운 곳, 나는 매일 이 길을 다닌다. 바쁠 때는 80㎞ 이상 속도를 내고, 천천히 가고 싶으면 30㎞로 가도 말리는 사람이 없다. 이 길은 혼자만의 길이다. 아침 출근길은 처녀지를 향하는 신비감마저 느낀다. 그저 산이 있고 몇 채의 집이 있고 논과 밭이 옹기종기 모여 있다.

내가 이 길을 가게 된 것은 약 한 달 정도 된다. 다른 학교에 근무하다 이곳으로 전근 오게 된 것이다. 산과 들이 누런색으로 덮여 있던 지난 겨울, 솔바람 소리가 반겨 주었는데, 이제는 진달래가 피는 봄을 맞이하게 되었다. 하루가 다르게 들은 푸른색으로 물들어 가고 있다. 마늘은 논밭에서 비닐에 쌓여 긴 겨울을 난 탓에 해동을 하자 하루가 다르게 푸른색을 더했다. 마늘 주산지답게 그 푸르름으로 봄을 맞이하고 있다.

첫길

운산에서 처음으로 나를 반기는 것은 벚나무다. 작은 강을 끼고 도는 강변로의 가로수는 은행나무로 교체 중이다. 한쪽은 해묵은 벚나무가 서 있고, 한쪽은 삼발 각목에 몸을 의지한 어린 은행나무다. 벚나무는 언제 꽃을 준비했는지 설레는 가슴으로 나를 반기는가 싶더니, 오늘 아침에는 꽃망울을 터트렸다.

벚나무와 은행나무의 열병식을 받으며 휘돌아 굽은 도로를 따라가면 외딴집이 나온다. 그 집은 사람이 사는 집보다 창고가 더 큰 집이다. 그 창고는 농기구를 들여놓기도 하고, 농산물과 사과 상자를 쌓아 놓기도 하여, 소여물과 함께 지붕을 가득 메우고 있다. 집 주위에는 흰색 비닐과 검은색 비닐로 온통 치장을 했다. 흰색 비닐 속에는 채소와 곡식 모종이 자라고 검은색 비닐은 갓 틔운 새싹을 품고 있다.

강변을 지나면 해묵은 정자가 있는 작은 동네가 나온다. 서산서원이라는 간판이 있는 동네이다. 간혹 나이 드신 분이 흰머리 날리며 경운기를 몰고 골목으로 나오기도 하는 동네이다. 빈집이 보인다. 집주인은 도시로 떠나고 동구 밖 느티나무가 마을을 지키고 있다. 노인네만 사는 외로운 동네임이 분명하다. 경로당 마당에 관광버스라도 서는 날이면 지팡이 짚은 할아버지 할머니들이 아침을 다투어 타기도 한다.

03 저수지

산 굽어 도는 언덕을 넘으면 저수지가 보이고, 그러다 보면 크고 작은 저수지를 여섯 개나 볼 수 있다.

처음 맞이하는 저수지는 산마루 중턱에 숨어 있다. 언뜻 보면 논둑과 혼동한다. 깊이를 알 수 없는 퐁당 못은 푸른 물이 출렁인다. 넓이보다는 깊이에 치중한 저수지인 듯 언제 보아도 검푸른 색이다. 저수지 주변의 푸른 마늘밭이 있어 물인지 마늘인지 분간이 어렵다. 물이 귀한 의성은 골짜기마다 저수지가 있다. 안평 가는 길도 예외는 아니라는 증명이라도 하듯 저수지가 많다.

두 번째 저수지는 고개를 넘으면 바로 보인다. 고인 물의 양으로 봐서는 처음 저수지보다 많지 않으나 둘레는 처음 것 못지않다. 물이 반 정도 고인 저수지 주변은 푸른 물로 가득한 저수지보다 왠지 쓸쓸해 보인다. 뼈만 남은 아프리카 오지 여인의 나신을 보는 듯 황망하기만 하다.

세 번째 저수지는 중앙고속도로 바로 옆에 있다. 여섯 개 저수지 중 가장 크며 만수를 이루고 있어 푸른 물이 출렁인다. 소나무 그림자가 물에 비치고 왜가리도 찾아와 물

고기에 입맛을 다시다 가는 곳이다. 남쪽 키다리 미루나무가 버티고 있어 고속도로 소음을 막아 주는 곳이다. 상류의 늘어진 수양버들이 노란색으로 변하고 간혹 물안개도 품고 있는 잔잔한 수면은 다정다감하다.

네 번째 저수지는 동네 뒤에 있다. 집 몇 채를 거느리고 있어 시골 훈장 같은 위풍을 지니고 있다. 쉽게 나신을 보이지 않으려는 듯 도로 위에 있어 물은 본 적이 없다. 둑 위에는 낚시 금지라는 찌그러진 푯말을 자랑스럽게 이고 있다. 낚시를 한다면서 남의 농사를 망치는 얌체족은 받지 않는다는 의지가 담겨진 것 같다.

다섯 번째 저수지는 규모가 가장 작아 보인다. 길 아래 있으면서도 위용은 아주 당당하다. 수문 쪽이 자연바위로 되어 있고 저수지로 흘러 들어오는 물길이 바위와 숲으로 이루어져 있다. 저수지 주변은 잡목이 우거져 무엇인가 숨어 있는 듯 신비감이 느껴진다. 아니 두려움마저 느끼게 한다. 산신이라도 깃들어 있음직한 곳이다. 아직 저수지 가까이 간 적은 없지만 낚시를 드리워서는 안 될 것 같은 저수지이다.

마지막 저수지는 한참 후에 발견한 저수지다. 교실에 들어가다가 내가 다니는 길 쪽으로 보게 되었는데 복숭아 밭 골짜기 외진 곳에 높은 둑만 보였다. 분명 저수지 둑이었다. 점심을 먹고 꽃구경을 간답시고 슬슬 걸어가 봤는데 역시 그곳에 숨어 있었다. 크기도 만만치 않았다. 세 번째 저수지와 버금가는 크기로 위용도 당당했다. 쑥으로 덮여 있는 둑 길이는 단연 작은 골짜기를 압도했다. 거느리고 있는 논과 밭도 다른 저수지에 비교가 되지 않을 만큼 많았다.

산이 있고 골짜기가 있으면 저수지가 있는 곳, 높은 산에 오르면 눈 아래 저수지만 보인다는 말을 증명이라도 하듯 안평은 山多貯水池多인 곳이다.

04 입학식

우리학교는 열 분의 선생님과 세 분의 일반직이 근무하는 조그마한 학교이다. 금년 3월은 교장, 교감선생님을 비롯하여 많은 선생님들이 전·출입을 했다. 거기다 교무부장을 하시던 분도 바뀌고 나니 인수인계가 무척 분주했다. 부임도 하지 않은 교장, 교감, 교무부장이 발령 소식을 듣자마자 출근하여 정식 근무를 했다. 입학식은 해야 하는데 장학생 선발은 어떻게 했는지 서류를 뒤적거리느라 오전 시간을 몽땅 보냈다.

사무분장과 담임을 발표하고, 교무실을 정리하다 보니 봄방학은 아예 반납했다.

3월 2일 아침이 되었다. 학생들이 등교하고 전 직원이 출근하자 적막하기만 하던 학교가 활기를 되찾기 시작했다. 시업식은 생략하고 입학식을 하기로 했다. 운영위원장과 동창회장이 참석하는 것까지는 좋았는데 문제가 생겼다. 운동장에서 입학식을 하도록 준비가 되었는데 9시가 가까워지자 겨울비가 내리기 시작했다. 거기다 바람이 거세게 불더니 비는 진눈개비로 변해 운동장에서는 도저히 입학식을 할 수 없게 되었다.

결국 입학식은 교실 2칸을 터서 만든 회의실 겸 탁구실에서 하기로 결정했다. 빈 교실로 남아 있던 회의실, 입학식 현수막을 급조하고 의자를 준비하느라 눈코 뜰 사이가 없었다.

식이 시작되었다. 신입생 남자 5명, 여자 1명, 재학생 26명, 회의실은 너무 한산했다. 재학생이 들어오고 신입생 수보다 학부형 수가 많은 입학식이 거행되었다.

급하게 준비하다 보니 국기가 어디 갔는지 보이지 않았다. 정말 난감했다. 결국 운동장 국기게양대 국기를 향해 좌향좌를 하고 국기에 대한 경례를 했다. 신입생 선서와 장학금 전달이 있고 교장선생님의 감동적인 식사로 이어졌다. 운영위원장의 축사가 끝나자 교직원 소개도 있었다. 학생과 첫 대면을 하는 신임 교장선생님께서 교감선생님을 소개하고 교감선생님이 교직원을 소개했다.

계속 근무하시던 선생님들은 아주 젊고 유능하신 분들이었다. 서로 어색하기도 하련만 한마음으로 동분서주하다 보니 쉽게 마음을 열 수 있었다.

새로 오신 선생님들이 낯선 학교에서 새댁이 시집온 날 첫 아침식사를 준비하듯 무엇이 어디에 있는지 몰라 좌충우돌하다 입학식은 그렇게 끝났다.

(향토사랑방 [안동]지 2006. 4. 103호 게재)

길

　길 전시장이다. 중앙고속도로가 있고 4차선 국도가 있고, 지방도로가 있다. 그러다 보니 농로와 토끼길도 함께하고 기찻길은 모습만 보이다 사라진다.

　안평은 의성이고 운산은 안동이다. 경계가 어디인지 아직은 구분하기 어렵다. 중앙고속도로가 보이면 안평면이라고 생각했는데 그것도 아닌 것 같다. 평팔이라는 푯말을 보고 고개를 넘으면 다시 중앙고속도로와 만나고 그러다 또 고개를 넘으려고 하면 고속도로 차들이 지방도로 밑으로 사라진다. 아마 여기 어디쯤이 경계인 것 같다.

　16㎞를 가는데 8㎞ 지점부터 고속도로를 달리는 차들과 일곱 번이나 숨바꼭질을 해야 안평면 소재지에 닿을 수 있다.

　처음은 고속도로가 내 차 위를 지나간다. 굽어진 고속도로 옆구리에 구멍이 뚫어져 있으면 농로이다. 고속도로는 내 차와 나란히 평행선으로 달린다. 그러다 갑자기 그는 사라지고 없다. 한참을 가다 보면 언제 나타났는지 내 차 옆으로 와서 빨리 달리라고 조롱을 한다. 그러다 산속으로 숨어 버리면 내 차는 또다시 외롭게 고개를 넘는다. 그와 딱

한 번 맞닥뜨리는 지점이 있다. 그의 몸통이 훤히 보이도록 가까이 오면 5m의 간격으로 서게 된다. 무척 수줍다. 그러다 그는 휑하니 떠난다. 그의 밑으로 물방울을 맞으며 내려가다 보면 그는 저만치 가파른 언덕 위로 소리만 알려 주며 달린다.

안평이다. 그는 이제 한눈에 다 들어온다. 안평 큰 들을 가르며 굽어서 돌아 꼬리만 남기고 사라져 버린다.

06 살구나무

　　운동장과 교사(校舍) 중간지점 언덕에 수령이 50년은 됨직한 나무 한 그루가 외롭게 서 있다. 주변은 작은 개나리가 있고 잡초가 자란 흔적이 있다. 너무 외로워 보였다. 무슨 나무이기에 저토록 오랜 세월을 교정 언덕에 버티고 있을 수 있을까? 무척 궁금했다. 학생들에게 물어보면 시골 아이들답게 그저 '나무겠지요 뭐!'라고 할 뿐, 이름을 알려고 하지도 않았다. 아예 관심이 없었다.

　　그러다 바람이 훈훈해지기 시작하고 새싹들이 뾰족이 고개를 내밀고, 성급한 개나리가 피는가 싶더니 목련가지에도 흰색이 커져 가고 있을 무렵이었다. 나는 학생들과 무슨 나무인지 내기를 걸었다. 전교생 32명을 대상으로 이름 알아맞히기를 했다. 방법은 본인 이름과 예상되는 나무 이름을 써서 작은 통에 넣어 두었다가 잎이 돋으면 열어 보는 것이었다. 물론 나도 적어 넣었다. 가장 많이 쓴 이름으로는 참나무, 두충나무, 소나무, 벚나무였다. 혹은 산수유나무, 앵두나무, 복숭아나무도 있었다. 시골 아이들이라 비교적 나무 이름을 많이 알고 있었다. 내가 쓴 것은 참나무였다.

언덕 위 나무는 다른 나무들이 잎을 피워도 소식이 없었다. 어제 보나 오늘 보나 거무튀튀한 나무 색과 앙상한 가지가 바람에 흔들릴 뿐이었다.

목련이 시들어 가고 매화가 꽃망울을 터트릴 즈음, 안개가 자욱하다 걷히고 난 정오였다. 2층에서 수업을 하다 우연히 올려다본 언덕 위 나무에 마침 소식이 왔다. 그것은 푸른색 잎이 아니었다. 나뭇가지 끝에서 보일 듯 말 듯 붉은색이 비치고 있었다. 저것이 무엇일까? 하루가 다르게 시력이 약해지던 나는 이제 색맹까지 왔는가? 겁이 났다. 하던 수업을 멈추고 아이들도 나처럼 보이는가 싶어 쳐다보게 했다. 잠시 후 몇 명의 학생들이 나와 같은 반응을 보였다. 아무런 변화도 눈치 채지 못한 학생도 있었다.

다음 날, 그리고 다음 날이 되자 붉은색 기운은 현실로 다가왔다. 온 가지가 붉은색으로 덮이던 날, 우리는 비로소 내기를 하자던 통을 열고 결론을 내렸다. 그 나무는 연분홍 그리움을 가슴 가득 품고 봄을 기다리던 살구나무였다는 것을.

(향토사랑방 [안동]지 2006. 4. 103호 게재)

마을

　일직면 소재지 운산은 큰 마을이다. 원리를 지나면 내원리 버스정류장이 외롭게 서 있다. 타고 내리는 사람을 거의 볼 수 없다. 참꽃나무가 빽빽한 앞산은 바위 벼랑이 넓게 펼쳐져 있다. 까투리복숭아 꽃이 길까지 나와 나그네를 맞이하는 재를 넘으면 평팔리이다. 네거리에 서 있는 표지판은 동서남북으로 길을 안내하고 있다. 동쪽은 단촌면 명진리, 서쪽은 용각리라고 손가락질을 한다.

　고속도로 밑을 지나면 평팔2리 삼밭골이라는 돌 표지판이 세월을 이긴 흔적만큼 먼지를 뒤집어쓰고 있다. 평팔리 서녘골 입구를 지나면 세 번째 저수지 수면이 바로 안기어 온다. 고속도로 일직터널이 뚫린 재를 넘으면 그와 평행선으로 만나는 마을이 의성군 안평면 창길3리 속칭 감상골이 나온다. 여기가 의성군과 안동시의 경계 지점이다. 감상골은 둑만 보이는 네 번째 저수지가 있는 작은 마을이다. 학급 환경정리에 마을 유래를 붙인 교실이 있어 훔쳐보니 두역, 개상골이라는 이름으로도 불린다고 했다. 길옆에 집이 있고 길 아래도 집이 있는 마을, 자두밭, 복숭아밭, 포도밭이 있고 고추밭과 마늘밭이 오순도순 개울을 따라 흐르고 있다.

창길1리 속칭 포동, 갯골이라는 마을은 산모롱이를 두 개나 돌고 나서야 모습을 드러낸다. 고을 아전이 벼슬도 싫다 명예도 싫다 하고 은신처로 정한 곳이다. 마을 앞에 하천이 흐르고 작은 갯벌이 있어 갯골이라는 이름이 붙은 동네이다.

이제 길고 긴 16㎞의 산골짜기를 빠져나온 셈이다. 삼거리가 나오고 도로표지판은 신평 가는 길은 오른쪽으로 안평 소재지는 왼쪽으로, 도리원 가는 길도 왼쪽인 동쪽이라고 말하고 있다.

동쪽을 향하여 가면 고속도로와 마지막으로 마주치는 곳에 여섯 번째 저수지가 있다. 저 멀리 안평중학교가 머리 위로 태극기 흔들며 묵묵히 안평을 지키고 있다.

08 자전거 통학

　우리 학교 학생 수는 32명이다. 대다수 학생들은 자전거로 통학을 한다. 통학 거리가 가장 먼 학생은 금곡리로 8㎞ 정도가 되며 자전거로 40분 정도 걸린다. 평균 통학 거리는 2㎞ 정도인데 삼삼오오 짝을 지어 걷지 않으면 자전거를 탄다. 자전거 사고를 염려하여 2인승은 말리는데도 학생들은 교통이 불편하다는 핑계로 선생님과의 약속을 어기는 경우가 있다. 특히 자전거가 고장 났거나 선미처럼 동생을 자전거 뒤에 태워야 하는 피치 못할 사정이 있는 학생은 더욱 그러하다.

　얼굴이 예쁘고 깡마른 선미는 긴 생머리이다. 넷째 딸인데 남동생이 초등학교 6학년이다. 그의 부모님은 아들을 낳기 위하여 딸 넷을 낳는 의지의 한국인이다. 의지의 한국인은 몇 집 더 있다. 딸 다섯을 낳고 아들을 낳아 누나들 속에 행복하게 자란 학생도 몇 명 있다. 선미는 등교할 때 금지옥엽 귀하기만 한 남동생을 자전거 뒤에 태우고 초등학교까지 갔다가 우리 학교로 온다. 아마 귀한 아들이니 넷째 딸이 등교와 하교는 책임지라고 집에서 시킨 것 같다.

그 초등학생의 통학 수단은 '누나 자전거 뒤에 고이 모셔지는 것'이 아닐까 한다.

긴 머리 날리며 자기보다 몸집이 더 큰 동생을 태우고 달리는 것을 보면 영화의 한 장면 같다. 선미는 공부도 잘하고 학교생활도 모범적일 뿐 아니라 언제나 생글생글 웃는 착한 학생이다.

시내버스는 시간마다 있는 것도 아니고 제시간에 온다 해도 손님이 없어 한산하기만 하다. 학생들은 그런 버스를 타는 것보다는 자전거에 책가방을 척 싣고 친구들과 앞서거니 뒤서거니 아침을 달리는 것이 더욱 신나는 일인지도 모를 일이다.

조금 일찍 출근하는 날은 자전거 행렬을 구경할 수 있다. 줄지어 가다가 언제 흐트러졌는지 나란히 가기도 한다. 한산한 지방도로에 차라도 오면 약속이나 한 듯이 한 줄로 서는 우리 학생들의 준법정신은 거의 본능에 가까운 생존 경쟁과 연관 짓는다 해도 무리가 없을 듯하다.

(향토사랑방 [안동]지 2006. 4. 103호 게재)

고추모종

　산속 골짜기 작은 밭에도 쟁기질이 시작되었다. 안평 들이 기지개를 켜는가 싶었는데 온 들이 푸른색으로 변했다. 고추모종 심기를 시작한 것이다. 보통 2명이 한 조가 되어 모종삽으로 파고 모종을 넣으면 물을 뿌려 주고 흙으로 덮어 준다. 물론 기계화된 집도 있다. 호수가 달린 막대기를 비닐에 꽂으면 물과 함께 구멍을 뚫고 모종을 심는다. 비닐에 구멍을 뚫고 모종을 넣고 흙으로 덮는 것은 다를 바가 없으나 물 주는 작업이 줄어든 셈이다.

　큰 밭에는 많은 사람들이 동시에 작업을 하지만 작은 밭에는 부부가 오순도순 고추모종을 내는 집도 있다.

　며칠이 지나자 모종 옆에는 나무막대기가 꽂히기 시작하더니 밭은 고추보다 큰 막대기들이 줄을 서 있다.

　고추를 심고 싶었다. 작은 화분에 몇 포기를 심을까 하다가 화단에 심기로 작정을 하고 일년생 꽃들을 뽑고 골을 타고 북을 돋우었다. 이제 모종만 있으면 되었다.

　쉬는 시간, 학생들에게 지나가는 말로 물었다. "집에 고추모종 다 심고 남은 사람 있나?" 1학년 6명 중에 다섯 사람이 손을 들었다. 나도 고추를 심고 싶은데 몇 포기만 살 수 없느냐고 했더니, 학생들은 대답도 없이 교실로 들어가 버렸다.

퇴근길 고추막대에 흰 줄을 매고 있는 밭 옆에 차를 세웠다.

"고추모종을 조금 사려고 하는데 심고 남은 모종이 혹시 있으면 파세요."

"우리 집에는 없고요. 저쪽 밭에 가면 조금 구할 수 있을 겁니다."

그가 가리키는 밭에는 막대를 망치로 박는 남자와 흰 끈을 매는 여자분이 있었다. 끈을 매던 여자분은 나를 보더니 일손을 놓고 일어섰다. 농사일에 허리가 굽은 60대 할머니였다. 할머니는 따라오라고 손짓만 하고 앞서서 걷기 시작했다. 바로 옆집으로 들어가더니 고추모종을 한 줌 들고 나왔다. 나는 반가워하며 지갑에서 만 원을 꺼내 두 손으로 주었다. 할머니는 손을 내저으며 돈은 필요 없다고 했다. 그 옆에서 보고 있던 마을 분들도 손을 내저으며 그냥 가라고 했다.

고추모종 몇 포기에 돈을 받을 만큼 인심이 각박하지 않음을 온몸으로 보여 주는 것 같아 무척 고마웠다. 일도 못하고 집까지 와서 모종을 내어 주는 할머니의 마음은 타지에서 온 친척에게 농산물을 나누어 주는 따뜻함 그대로였다. 매일 이 길을 다니니 다음에 음료수라도 사서 드려야겠다고 다짐했다.

다음 날 교무실에는 고추모종 풍년이 들었다. 수업 준비를 하고 있는데 3학년 학생이 교무실 문을 드르륵 열더니 비닐봉지를 내밀었다. "국어선생님 고추모종요." 하고는 교무실에 들이밀고는 쏜살같이 사라졌다. 학생을 부르다 생각하니 어제 1학년 학생들에게 고추모종 이야기를 한 것이 3학년으로 전해진 것 같았다. 1학년 학생들도 집에 가서 이야기를 했는데 "얼마나 필요한지 물어보고 오면 학교까지 가져가겠다."고 하더라고 했다. 사태의 심각함을 알고 몇몇 학부형에게 자초지종을 이야기했다. 고추모종을 심고 싶어 화단을 정리했는데 이제는 심을 곳이 없으니 가져올 필요가 없다고 일일이 전화를 해야만 했다.

화단은 어제 얻은 20포기로 더 들어갈 틈이 없었다. 다른 선생님들께 드리려고 하니 심을 곳이 없다고 했다. 학교 화단에도 심을 곳이 마땅치 않았다. 생각 끝에 돌려주기로 했다. 그 학생에게 고추모종을 돌려주게 된 이유를 설명했더니 그만 울상이 되어 도망가 버렸다. 할 수 없이 집에 가져와 동네 사람들에게 몇 포기씩 나누어 주었다. 우리 학교 학생이 준 귀중한 선물이니 정성껏 심어 도시 화단에 고추가 주렁주렁 열렸으면 좋겠다는 말도 잊지 않았다.

가정방문

연간 교육계획을 세우면서 가정방문 기간은 뺄 수가 없었다. 로마에 가면 로마법을 따르라는 말을 실감하는 순간이었다. 이 학교 사정을 잘 알지 못하던 3월이라 지난해 계획을 따를 수밖에 없었다. 가정방문 하면 단점만 크게 부각되어 거의 실시하지 않는 행사가 되어 버린 지 오래다. 사회가 아무리 가정방문을 부정적인 시각으로 본다 해도 소신 있는 분들은 교육적 효과를 높이 평가하여 꾸준히 실시하기도 했다. 3월 중순, 월요일이 되었다. 학교에서는 가정방문을 계획대로 시행하니 학생들에게 알리라고 했다. 문제 학생이나 특수한 경우가 아니면 가정방문을 하지 않았던 나로서는 그저 계획대로 따를 수밖에 없었다. 담임선생님들은 수업이 끝나자 가정방문을 떠난다며 관내 출장 승인 신청을 했다.

다음 날 오후에도 담임선생님들은 가정방문을 떠났다. 그리고 다음 날도, 아마 산촌이므로 산재 부락을 모두 간다면 시간이 많이 걸릴 수도 있겠다 싶었다. 그렇게 하여 계획대로 4일간의 가정방문은 끝이 났다.

국어수업시간 학습활동을 하면서 학생이 쓴 글을 읽어 보게 되었다. 글 내용은 이러했다.

어제 오후에 선생님께서 오셨다. 아버지 어머니는 밭에 일하러 가시고 동생과 있었는데 갑자기 선생님이 들어오셨다. 지금까지 우리 집은 학교에서 너무 멀어 가정방문을 온다고 해도 거짓말인 줄 알고 부모님께 말씀드리지 않았다. 선생님께서 집을 한 번 둘러보시더니 공부방을 보자고 했다. 나는 부끄러워 가만히 있는데 동생이 내 방 문을 열어 주었다. 잠시 후 선생님은 음료수 한 통을 차에서 꺼내시더니 두고 갔다. 저녁에 아버지와 어머니 그리고 동생은 음료수 통을 열어 한 병씩 마시고 냉장고에 넣어 두었다. 나는 선생님이 너무 고마워 먹을 수가 없었다. 아버지는 "가정방문 오는 줄 알았으면 집에 있을 걸 그랬다. 막걸리라도 대접 했으면 좋았을 것을 ……" 하시며 나를 나무라셨다. 어머니는 "참 이상한 일도 다 있다. 선생님께서 음료수를 사 들고 오시다니 ……" 하면서 웃었다.

학생의 글을 읽고 어찌된 일인지 궁금하여 담임선생님께 여쭈어 보았다.

가정방문 출장 인사를 하기 위해 교장실에 갔는데 음료수가 여러 통 준비되어 있었다. 교장선생님은 "남의 집을 방문

하는데 빈손으로 갈 수 있느냐?”며 가져가라고 했다고 한다.

그 후 선생님들은 가정방문을 갈 때면 음료수와 과자 등 간단한 선물을 준비하게 되었다고 한다. 대다수 학부형들이 농업에 종사하고 있어 논과 밭이 아니면 비닐하우스에서 학생을 상담할 수밖에 없었는데 힘들어 하는 학부형들을 보니 음료수라도 준비하기를 잘했다는 생각이 들더라며 웃었다.

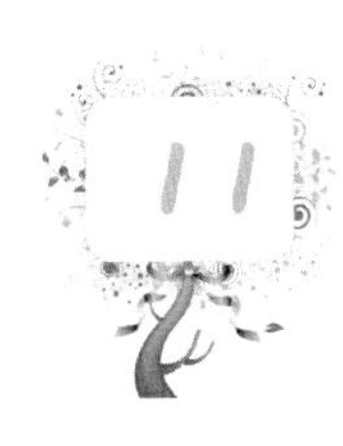

점심시간 경은이

밥차 오는 소리가 났다. 냉동차 모양의 밥차가 오면 경적을 가늘게 한 번 울린다. 4교시를 마치는 시각이 12시 30분이고 밥차가 오는 시각이 대체로 12시 10분 정도이다. 밥차는 초등학교에서 온다. 그는 밥을 싣고 저 멀리 중학교까지 배달을 간다.

밥차가 오면 4교시 수업이 없는 선생님들이 현관으로 달려 나간다. 누가 먼저랄 것도 없이 현관 옆에 세워 둔 운반기를 끌고 가면 밥차는 밥과 반찬을 가지런히 내려 주고 다른 학교로 향한다. 현관까지 운반된 점심은 수업이 없는 선생님부터 배식을 한다. 먼저 시식하신 분들의 식판이 정리될 즈음이면 4교시를 마친 학생들이 손을 씻고 줄을 선다. 3학년 여학생들이 앞치마를 두르고 마스크와 장갑까지 끼고 멋을 부릴 때면 먼저 식사하신 선생님들도 배식을 도와준다. 배식 시간은 길어야 10분 정도이다. 배식을 마친 여학생들이 본인의 밥까지 챙기고 나면 무슨 음식이 남았는지 다른 학생들에게 알려 준다. 더 먹고 싶으면 누구나 자유배식을 하는데 음식이 모자라는 경우는 거의 없다.

배식을 하던 여학생들이 빈 식판을 들고 오면 언제 왔는
지 '경은'이가 와서 음식 통을 정리한다. 남은 밥과 국, 반
찬을 모아 음식 쓰레기통에 버린다. 운반기에 묻은 음식은
걸레로 청소하고 밀대로 바닥을 닦는다. 참 이상한 일이다
경은이는 평소 문제가 조금 있는 듯한 학생으로 보인다. 학
습에 관심이 부족하고 학교생활에 익숙하지 못하여 급우들
과 어울리지 못하는 학생이다. 그런데도 그는 지난해 2학
기부터 배식 후 정리를 스스로 한다고 했다. 담임선생님도
급우들도 경은이의 선행을 인정하고 있다. 경은이는 하고
싶어서 할 뿐이라고 짧게 대답한다. 음식을 잘 먹지 않는
그는 밥이 먹기 싫어 거를 때에도 점심식사 후 정리는 거
르는 날이 없다. 다른 사람이 도와주려고 하면 화를 낸다.
혼자 해도 되는데 무엇 때문에 거드느냐는 것이다.

지난 3월 경은이를 처음 보았을 때는 무척 추운 날씨였
다. 고무장갑을 끼지 않아 작은 손이 붉게 물들었는데도 즐
겁게 음식 쓰레기를 청소하고 있었다. 세수도 잘하지 않는
것 같은 외모와 작은 체격으로 밀걸레를 들고 혼자 청소하
는 모습을 처음 보는 사람은 누구나 한마디씩 했다. 벌을
주어도 저런 벌을 주면 되느냐고. 그러나 그의 웃는 모습을
보면 거룩하게 보이기까지 했다.

경은이는 2학년 여학생이다. 모두가 싫어하는 점심식사
뒷정리를 혼자 하는 데는 분명 이유가 있을 법도 한데 "그

저 하고 싶어서 한다."는 것 외에는 더 이상 알 수가 없다. 담임선생님도 경은이는 점심식사 후 뒷정리를 하기 위하여 학교에 오는 것 같다고 했다. 그는 할아버지와 가난하게 살고 있다. 분명 무슨 사연이 있을 것인데, 마음을 다칠까 아직은 망설이고 있다. 그와 친해지면 이유를 꼭 듣고 싶다. 좀처럼 말을 하지 않는 그는 너무 왜소하여 초등학교 3학년 정도로 보인다.

밥차가 빈 그릇을 싣고 떠나면 현관에는 분주했던 운반기만 외롭게 내일을 기다린다.

12 장학지도

　금년도 장학지도 계획이 공문으로 시달되던 날, 우리학교 장학지도 날짜에 형광펜으로 색칠을 하고 달력에 기록하고 행사계획에도 써넣었다.

　준비해야 할 항목을 뽑아 보니 마흔 가지가 넘었다. 평소 하던 대로 하면 된다고 다짐하지만 손님을 맞이하는 주인 입장은 그렇지 않았다. 하루하루 다가오는 장학지도 날은 이제 일주일 남았다. 학교안내 책자를 만들면서 다른 학교에서 만든 책자를 뒤적였다. 다른 학교보다 잘 만들지는 못해도 뒤처지지는 않아야겠다는 생각이 앞섰다.

　장학지도는 이제 하루 앞으로 다가왔다. 준비서류와 시범수업 교실을 점검하고 일정을 게시판에 붙였다. 장학사님이 점검한다는 서류를 또 뒤적거렸다. 손님께 인사를 잘하도록 학생들에게 지도하고 퇴근하시는 선생님들의 뒷모습은 내일의 걱정이 덕지덕지 붙어 있었다.

　장학지도 날 아침이 되자 여느 때보다 모두들 일찍 출근했다. 밝은 표정 뒤에 감추어진 어둠은 잘 받을 수 있을지에 대한 염려로 보였다.

행정실에 갔다. 손님이 오신다는데 다과라도 준비해야 될 것 같아서였다. 행정실장은 맏며느리 같은 웃음을 얼굴 가득 담고 벌써 준비가 끝났다고 했다. 그러면서 다과와 차를 한 번에 옮기기에 혼자서는 힘이 드는데 거들어 줄 사람이 없겠느냐고 했다. 나는 쉽게 여학생 한두 명을 시키지요 했더니 손을 저으며 안 된다고 했다. 학부형이 알면 큰일 난다는 것이다. 듣고 보니 그럴 만도 했다. 그럼 어쩌면 좋겠느냐고 했더니 선생님들 중에 누가 거들어 주었으면 좋겠다고 했다. 나는 또 예쁜 여선생님을 떠올렸다. 그러다 흠칫 놀라며 생각을 바꾸었다. "차라리 제가 거들지요. 장학사님이 도착하면 행정실로 오겠습니다." 하고 교무실로 왔다.

장학사님이 오실 시간이 되었다. 교무실에서 낯선 자동차가 멈추는 것을 보고 급히 현관으로 나갔는데 장학사님은 벌써 현관입구에 들어서고 있었다. 나는 황급히 실내화를 꺼내 들었다. 교장실로 안내하고, 학교안내 책자와 서류를 안고 갔다. 그런데 낭패가 생겼다. 내가 거들어 주기로 한 다과가 교장실 탁자에 가지런히 놓여 있었다. 행정실장이 혼자서 1층과 2층을 오르내리며 옮긴 것 같았다. 무척 미안했다.

학교안내가 끝나고 시범수업 참관과 수업합평회를 했다. 서류 점검이 끝나자 교무실에서 총평을 한다고 했다. 급히 교무실로 모인 선생님들은 숨소리를 죽이는 긴장감에 휩싸였다. 아무런 잘못도 없으면서 장학사님의 한마디 한마디가 본인들을 향한 소리로 느껴졌다. 총평이 끝나고 선생님들과 일일이 악수를 청하면서 고생한다는 말을 할 때, 비로소 안도의 한숨을 쉬었다.

13 불 켜진 테니스장

　우리학교의 첫인상은 테니스장이 너무 많다는 것이다. 테니스장은 뒤뜰에 두 코드짜리가 있다. 아니다. 서편에 또 한 코드가 있다. 뒤뜰 테니스장 담장을 넘으면 서너 채의 농가가 있고 동쪽은 산기슭이며 남쪽으로 학교 건물이 있다. 운동장 남쪽 개나리 담장 밖은 2차선 국도가 2미터 정도 아래에 있다. 교사(校舍)는 동서로 뻗은 일자형이다. 뒤뜰에는 테니스장 외에 부속 건물인 숙직실과 창고가 있고 재래식 화장실이 2개나 있다. 교사(校舍)를 지으면서 옛날 건물을 그대로 둔 채 앞으로 짓다 보니 건물 뒤편에 많은 땅이 남게 된 것이다.

　국도를 지나던 행인이 항의 전화를 했다. 학교 테니스장에 새벽까지 라이트가 켜져 있는데 무슨 일이냐는 호통이었다. 분명 교원들이 국민의 세금을 낭비하고 있는 결과가 아닌가 하는 전화였다.

　우리학교 테니스장에는 '안평생활체육회'라는 간판을 매단 사무실이 있다.

　학생 수가 줄어들고 규모가 작아지자 학교시설을 개방하

자는 의견이 나왔다고 한다. 만약에 폐교가 된다면 안평면 민이 이용할 수 있는 공간으로 꾸미자는 것이었다. 아마 그 중에 테니스장이 먼저 거론된 것 같았다. 모든 시설과 경비 는 '안평생활체육회'에서 책임을 지고 학교는 땅만 빌려 주면 되었다. 물론 주민들의 테니스장 사용은 학생들이 학습 활동을 하지 않는 저녁에만 국한한다는 합의도 함께였다. '안평생활체육회'는 안평면의 지원을 받아 테니스장을 별도로 만들고 관리하는 사무실도 조립식으로 지었다. 그러다 보니 기존의 테니스장은 그대로 있을 수밖에 없었다.

이제 뒤뜰 테니스장은 낮에는 농사일을 하고 저녁에는 테니스를 좋아하는 사람들끼리 모여 운동을 하면서 농사를 걱정하는 장소가 되어 버린 것이다. 화투놀이나 술을 마시는 것보다 테니스를 치는 것이 얼마나 건전한 일인가? 어려운 과정을 거쳐 힘들여 만든 테니스장이라 그들은 무척 아낀다. 아침에 테니스장을 보면 사람이 왔다 간 흔적을 발견할 수 없을 정도로 깨끗이 청소가 되어 있다.

선생님들도 테니스를 가끔 치기는 해도 교직원 13명 중, 테니스를 취미로 하는 사람은 한 조(組)가 겨우 된다. 한 사람이라도 출장을 가거나 유고가 생기면 그날은 테니스를 치고 싶어도 치지 못한다. 결국 테니스장은 교직원과 학생들보다 주민들이 사용하는 횟수가 많을 수밖에 없다.

새벽까지 라이트가 꺼지지 않는 테니스장은 주민들의 건

전한 여가 선용은 물론 학교와 학부형의 다리 역할을 하는 중요한 장소인 셈이다.

항의 전화를 하신 분은 내 긴 설명에 고개를 끄덕였지만 사정을 모르는 다른 분들은 교직원들이 새벽까지 테니스를 치는 것으로 오해하고 있을 것 같아 무척 걱정이 된다.

칡과 전봇대

　안평으로 가는 길을 안내하는 것은 산과 들, 도로와 차, 새들과 꽃들만이 아니다. 며칠 전부터 전봇대와 칡이 안내를 시작했다. 매일 지나치는 사물이 오늘 비로소 보이기 시작한 것이다. 전봇대는 길옆에 서서 나를 바라보며 저만치 먼저 간다.

　전기 줄을 매달고 길게 늘어서서 앞서 가는 키 큰 전봇대와 전화 줄을 매달고 힘들게 가는 작은 전봇대가 있다. 가장 작은 전봇대는 유선방송 전봇대이다. 키가 큰 전봇대는 굵은 줄과 통을 매달고 오른쪽으로 줄을 서고, 전화 줄과 유선 줄을 매단 전봇대는 서로 앞서거니 뒤서거니 왼쪽에서 걸음을 다툰다. 그들은 한결같이 집이 보이기만 하면 멈추어 선다. 집집마다 가정방문을 하느라 여러 갈래로 줄을 늘인다. 큰형이 마을 어귀에 멈추어 서서 아래를 내려다보면 작은 전봇대와 줄들이 집집마다 인사를 하고 나온다. 집이 한 채가 있으면 잠시 머물고 여러 채가 있으면 한참을 머문다.

　전봇대는 길 가운데로 가지 않는다. 항상 길옆으로 비켜서서 딴전을 피우며 먼 산을 바라보다가도 내 차를 발견하면 안내하는 것을 잊지 않는다. 그러다 칡넝쿨을 만나면 가는 것도 잊고 한바탕 장난을 친다. 칡넝쿨은 옷소매를 부여잡고 놓아주지 않는다. 무작정 침범한 전봇대에 기어올라 항복을 받는가 하면 비겁하게 옆으로 늘어진 줄을 타고 오르기도 한다. 농부들이 간혹 말려도 조금 쉬다가 또 장난을 건다. 칡은 푸른 잎을 너울거리며 아부를 하다가도 금방 입장을 바꾸어 어깨를 누른다. 많은 가지들이 떼로 몰려 기어오르니 전봇대는 숨을 헐떡이며 한숨을 토한다. 칡이 작은 틈이라도 보이면 긴 줄을 늘려 도망을 간다.

길을 가로지르는 전깃줄은 커브를 돌 때 넘어질까 받쳐주는 줄이다. 그 줄은 칡과 장난을 치기 위하여 만들어 놓은 것 같다. 전봇대는 새 길이 생겨도 옛길을 고집한다. 아마 칡과 만나기 위한 것 같기도 하다. 들을 지나고 내를 건너고 산을 넘다 보면 친구가 필요했을 것이다. 칡은 전봇대를 감고 올라가 탑을 만들 때는 정교한 설계로 잎을 사방으로 고루 배치하여 바람에 흔들려도 끄떡하지 않는다.

칡들은 산사태를 방지하기 위하여 쳐 놓은 망에 기어올라 진한 자주색 꽃을 피워 꿀 냄새로 나비를 유혹하기도 한다. 또 러브호텔 주차장 커튼 흉내를 낼 줄도 안다.

감성골이 가까워지면 국도와 고속도로가 5m로 가까이 보이는 곳이 있다. 여기서 급커브가 나오고 고속도로 밑으로 국도가 지나가는데 이곳이 바로 칡 커튼이 드리워진 곳이다. 고속도로에서 국도로 내려오던 칡은 국도를 지나는 차들에 의해 더 내려오지 못하고 커튼으로 다듬어졌다. 지나가는 차들을 쓰다듬던 칡은 자연스럽게 커튼모양을 하게 된 것이다. 칡의 줄기와 잎으로 짜인 제대로 된 커튼이다.

칡은 산과 들을 지나면서 이랑과 고랑을 만들고, 푸른 잎을 너울거리며 손만 닿으면 나무든 전봇대든 자기보다 큰 것은 무조건 감고 올라가 본다. 하늘(신) 가까이 가고 싶어 하는 인간의 욕망을 닮아 보려는 것일까? 오늘도 칡넝쿨 우거진 산속 도로를 질주한다.

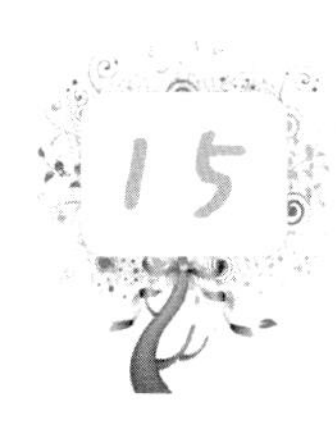

아침 그리고 차

교무실에 들어오면 어제 가두었던 공기가 창문을 열라고 안달을 한다. 개운치 못하던 공기가 서늘한 아침으로 바뀌면 책상을 열고 컴퓨터에 잠을 깨운다. 커피포트를 들고 가사실로 가면 밤새워 물을 덥히던 정수기가 소리를 내며 반긴다. 커피포트로 옮겨 담은 물은 뜨거우니 조심하라고 일러 준다. 교무실에서 스위치를 올리자 쏴 하는 물 끓는 소리가 정적을 깬다.

먼저 등교한 학생들의 소리가 간혹 들리고 살며시 교무실 문이 열리면 교실 당번이 열쇠와 학급일지를 가지러 수줍게 온다. 그러다 보면 한두 선생님들이 교무실 문을 열고, 누가 먼저랄 것도 없이 커피, 녹차, 대추차, 홍차를 주문한다. 일회용 컵에 담긴 차들은 먼저 본 선생님이 배달한다. 앉아서 얻어먹기가 민망하여 일어서서 잔을 받기도 하지만 나는 커피포트에 물만 끓여 놓고 잡무를 보는 얌체이다. 잔을 들고 오는 기미만 보이면 달려가 거들어 주기도 하는데 그런 일은 거의 없다.

교감선생님은 무척 부지런하다. 선생님들에게 일일이 잔

을 들고 배달하는 수고도 아끼지 않는다. 처음에는 저러다 말겠지 했는데 수개월이 지나도 계속하고 있으니 천성이 남을 위해 봉사하는 것이 체질화된 것 같았다. 이제는 만성이 되어 앉아서 잔을 받는 일도 있다. 무척 미안하다.

대체로 8시 전후에 출근하는 선생님들은 묻지도 않고 찻잔에 차부터 붓는다. 그리고는 교실을 향하거나 잡무를 보는 것이 우리 학교의 아침 풍경이 되었다.

나는 차를 즐기는 편은 아니다. 아직 커피 맛도 모른다. 그러니 자연 녹차를 먹을 것이라 판단하고 녹차를 주는데 사실 녹차 맛도 모른다. 그저 따뜻한 인정이 좋아서 하루에 몇 잔이고 미안하게 받아 마신다.

남자는 부엌에 들어가면 안 된다는 철칙을 이제는 깨야 할 시기가 온 것 같다. 매일 앉아서 받아먹을 수가 없으니 배달하는 역할이라도 해야 할 것 같다.

16 거울 보고 단발하기

　5교시가 시작되었다. 7월의 땡볕은 시멘트 건물을 여지
없이 가마솥으로 만들어 놓고 아스팔트 위로 김을 모락모
락 피웠다. 학생들은 지쳐 축축 늘어졌다. 1학년 여섯 명
중 여학생이 한 명인데 그 홍일점 정희가 오늘은 무슨 일
인지 책상 위에 손으로 얼굴을 감싸고 엎드려 있었다. 실장
이 인사 구령을 해도 얼굴을 들 줄 몰랐다. 간혹 우울한
그림자가 보일 때도 있지만 수업 준비는 누구보다 먼저 하
고 선생님을 기다리는 착한 학생이다. 교과서를 펴면서 이
름을 불러 보았다. 대답은 하면서도 얼굴은 들지 않아 혹시
몸살이라도 하는가 싶어 아프냐고 물어도 대답이 없었다.
교과진도는 나가야 하고 그와 실랑이나 벌이며 마냥 있을
수 없어 "정희야, 그러면 계속 엎드려 있어라." 하고 책을
펴는데 다섯 명이 동시에 소리 내어 웃었다.

　조금 이상한 느낌이 들었다. 그 중에 가장 많이 웃던 상
철이에게 이유를 물었다. 그는 다른 선생님은 어디 아프냐
며 자상하게 묻는데 선생님은 너무 무뚝뚝하여 웃었다고
했다. 수업을 진행하면서도 정희가 고개를 들지 않고 오른

손을 이마에 받치고 있는 것이 몹시 궁금했다. 학생이 활동하는 순서가 되자 실장 옆에 가서 슬쩍 물었다. 실장은 앞머리가 이상하여 놀렸더니 하루 종일 저런다고 했다. 그러자 옆에 있던 재상이가 추가 설명을 했다.

아침에 교실에 들어오니 정희가 제일 먼저 와서 선풍기를 틀어 놓고 거울을 보고 있었는데 자세히 보니 작은 가위로 앞머리를 자르며 웃고 있었다. 처음 자르고 나자 조금 삐뚤어진 것 같아 또 잘랐는데 이번에는 다른 쪽이 삐뚤어져 또 잘랐다. 그러자 다섯 명의 남학생들이 모두 등교하여 정희의 머리를 이리저리 봐 주었는데 거울 속과 실제는 너무 달랐다. 정희의 앞 머리카락은 균형을 잃고 보기 흉하게 되었다고 했다.

수업을 마치자 남학생 다섯 명은 밖으로 나가는데 정희는 나가지 않고 자리에 엎드려 움직이지 않았다. 그냥 오라고 하면 오지 않을 것 같아 그가 학급 서기인 것을 생각하고 학급일지를 가져오라고 엄숙하게 말했더니 일지를 가지고 내 앞으로 왔다. 손을 내려 보라고 몇 번 말해도 고개를 흔들며 거절했다. 어떻게 하면 손을 내리게 할 수 있을까 생각하다가 그의 자존심을 살려 주기로 하고 교실을 나와 버렸다.

(향토사랑방 [안동]지 2007. 4. 109호 게재)

 축구하는 날

수업을 마치고 학생들이 교문 밖으로 떠나면 운동장은 한가롭다 못해 외로워 보인다. 한 달에 한 번 정도 학생들의 함성이 운동장 가득한 날도 있다. 그날은 전교 남학생이 하나가 되어 공을 차는 날이다.

8교시를 마치고 청소활동이 끝나면 친구를 부르는 소리가 교정 이곳저곳에서 들리는 날이 있다. 하급생이 상급생을 부르는 소리, 상급생이 하급생을 부르는 소리가 어우러진다. 이름을 부르면 친구나 하급생을 부르는 3학년의 목소리이고, "○○ 형아!" 하고 부르면 하급생이 상급생을 부르는 소리이다.

무슨 과제를 하는지 3학년 학생 몇 명이 도서관에서 어정거리고 있었다. 1학년 남학생들이 축구를 하자며 졸랐다. 3학년들이 자리에서 일어날 기미를 보이지 않자 그들은 안절부절못하며 복도를 서성인다. 오늘은 안 될 거라며 숙제를 낸 선생님을 원망하기도 한다.

전교생이 참여해야 축구팀이 겨우 구성되는 것이 우리 학교의 학생 수이다. 남학생 한두 사람만 없어도 축구팀이 구성되지 않는다. 축구를 하기 위해서는 며칠 전부터 사발 통문을 돌리고 편을 갈라야 한다.

학원에 가는 학생들도 있다. 안평면에는 학원이 없기 때문에 가까운 봉양이나 의성읍까지 가서 공부를 한다. 학원을 마치고 집에 오면 오후 8시가 넘는 시간이 되므로 축구하는 날은 학원이 쉬는 날로 잡아야 한다.

전교생이 축구를 하는 날은 학교 가득 활기가 넘친다. 축구팀이 구성되면 운동장은 저녁 늦도록 떠들썩하다. 선생님들도 신이 나서 얼음물을 떠다 주며 구경을 한다. 모처럼 전교 남학생이 뭉쳐진 모습이 너무 아름답기 때문이다. 퇴근시간이 훨씬 지나도 학생들이 다칠까 노심초사하며 운동장 주변을 떠나지 못한다.

(향토사랑방 [안동]지 2007. 2. 108호 게재)

18 연못

　운동장 동쪽에 조그마한 연못이 하나 있다. 언제 누가 만들었는지 알 수 없는 연못은 학교연혁지에도 나와 있지 않는 유일한 곳이다. 학생이 줄고 사람의 발길이 뜸해진 그곳은 잡목과 잡초가 자라고 토사가 흘러내려 볼품없는 꼴을 하고 있다. 그래도 몇 번인가 부지런한 분들이 정리를 한 흔적이 보여 다행스럽기는 하지만 이제는 물고기도 살지 않는 외로운 연못이다.

　연못을 보면 화려했던 이 학교의 지난날을 보는 듯하다.

　학교의 역사는 50년이 넘는다. 그동안 수많은 인재를 배출하여 각계각층에서 실력을 발휘하며 가끔은 모교와 고향을 추억할 것이다. 면(面)마다 중학교를 세우던 시절이 있었다. 이 학교는 그전에 지역 유지들이 뜻을 모으고 땅을 희사하여 어렵게 세운 학교이다. 시골에서는 읍(邑)지역 이상에나 세웠을 그 당시에 이곳 안평 사람들은 중학교를 세웠던 것이다. 인구가 불어날 때는 도시의 어느 중학교보다 많은 인재를 길러 낸 학교이다. 농촌 인구의 기하급수적인 감소로 학생들이 해마다 줄고 있으니 가슴 아픈 일이다.

연못 주변의 버드나무는 고목이 되어 가고 어디서 날아와 뿌리를 내렸는지 찔레나무가 가지치기를 몇 번 당하면서도 팔목만큼 자랐다. 주변 땅은 농토가 되어 버린 것을 교육열이 높은 분이 측량을 하여 경계석을 박아 놓았다. 이제는 미나리가 살판을 만난 듯 세를 확장하고 오래전 이름 모를 학생의 손에 의해 심어진 코스모스가 해마다 번식을 거듭하여 여기저기 그 명맥을 유지하며 가을을 준비하고 있다.

이 연못가에는 조용히 앉아 명상을 하며 꿈을 키우던 학생도 있었을 것이고, 왁자지껄 우렁찬 남학생의 목소리와 까르륵 웃는 여학생의 가냘픈 목소리도 있었을 것이다. 그때는 잉어와 붕어도 떼 지어 다니며 학생들과 함께했을 것이다.

학생이 줄어 쓸모없게 된 시설이 어디 연못뿐이겠는가? 퇴락해 가는 시골 학교의 모습에서 갈수록 인정이 메말라 가는 우리들의 빈 가슴을 보는 것 같아 무척 안타까울 뿐이다.

박꽃을 모르는 촌아!

요즘 중학교 1학년 국어교과서 생각 넓히기에 '요람기'라는 소설의 일부가 나온다. 6차 교육과정에서는 전문이 나왔었다. 시골에서 자란 사람이면 누구나 향수를 불러일으키는 작품이다. 그런데 소설 요람기를 가르치며 농촌에 사는 것이 얼마나 행복한 일인가 하는 만족감을 주기 위하여 진지한 자세로 수업을 했는데 결과는 엉뚱한 일로 깨어지고 말았다.

문제에 "누나" "응" "박꽃은 왜 밤에만 피지?"에서 답을 원하는 것이 있다.

기대하는 답은 "달빛을 좋아해서 그런데" 혹은 "다른 꽃들이 질투할까 봐 그러지"였는데 엉뚱하게도 "박꽃이 뭐지요?" 또는 "박이 뭐지요?"라는 질문이 쏟아져 나왔다. 나는 순간 "여기가 농촌학교 맞나!"였다.

학생의 질문에 간단히 답하는 것보다 농촌의 향수를 불러일으킬 만한 질문을 찾기 시작했다. "여름철 마당에서 식사를 해 본 사람?" 하고 손을 드는 시늉을 했다. 어린 시절 여름밤이면 마당에서 식사하고 별을 보며 잠이 들었던 것을 상상하며 던진 질문이었다. 그런데 엉뚱한 대답이 나왔다. 고기를 구워 먹기 위하여 마당에서 밥을 먹었다는 대답이다. 그러면 별을 보며 잠들어 본 적이 있느냐는 질문에는 모기와 고양이가 있는데 왜 마당에서 자느냐는 것이다.

박꽃은 이슬 내린 늦은 저녁에 시골길을 걷다가 우연히 보면 너무 아름답다. 그믐달이라도 어스름히 비치면 더욱 아름답다. 저녁 늦게 친구 집에 다녀오면서 문득 쳐다본 지붕, 초가지붕 위에 몇 개의 박이 매달려 있고 하얀 박꽃이 잎사귀 위로 고개를 내밀면 눈이 시리도록 아름답다.

요즘은 도시와 농촌의 구분이 없다. 시골에 살아도 양옥집에 모든 문화 혜택을 누릴 수 있어 더욱 그러하다. 인터넷에 물들여지고, 텔레비전으로 도시나 농촌의 구분이 없어지고, 핸드폰으로 거리감이 없어졌다. 농촌은 더 이상 목가적으로 바라보는 시골이 아니다. 농촌 학생들도 이제는 '촌아'에 머물러 있기를 거부한다. 도시화 내지는 도시와 다름이 없다.

시골에 살면 자연의 아름다움과 푸근한 이웃의 인정으로 꿈을 키웠으면 좋겠다. 물론 하루가 다르게 변하는 새로운 세상에 적응하기 위하여서는 박꽃은 몰라도 인터넷으로 모든 정보를 탐색하는 것도 바람직한 일이 아니라 할 수는 없다.

(향토사랑방 [안동]지 2007. 2. 108호 게재)

아름다운 글씨

　첫 수업 시간은 학생들도 교사도 서로를 알기 위해 물밑 탐색전이 벌어진다. 매년 학년 초가 되면 어색한 첫 수업이 이루어진다. 유난히 수업에 호응이 좋은 학생은 기억에 오래 남기 마련이다. 지금은 임 양이라고 부르지만 첫 수업 시간에 그는 나와 눈을 자주 마주치며 싱글벙글 웃었다. 얼굴도 예쁘고 영리하게 보였다. 고개를 끄덕이며 연신 대답을 하고 책에 열심히 적었다. 가끔은 여유 있는 표정으로 나를 압도했다.

　수업을 마치고 나오려니 큰소리로 "수고하셨습니다."를 외쳤다. 내 수업의 성공을 예감하며 그의 곁으로 다가갔다. 그런데 혼자만 웃어야 할 일이 발생하고 말았다. 어쩐지 "쑤고하섯습니따." 하는 발음이 이상하기는 했으나 이런 상황인지는 생각하지 못했다. 책에는 온통 글씨 비슷한 그림이 덧칠을 하듯 그려져 있었다. 그는 얼굴 가득 환하게 웃으며 "선생님 하이띤" 하며 손가락을 치켜들었다.

　3학년은 우리학교에서 학생 수가 가장 많은 15명이다. 그 중에는 불운하게 교통사고를 당하여 힘든 생활을 하는

임 양도 있다.

임 양은 누구보다 학교에 일찍 온다. 출근하시는 선생님들께 인사를 하기 위해 현관에 나와 있다. 어제 집에서 있었던 일을 미주알고주알 이야기하며 교무실 출입문까지 따라온다. 식사 후에는 반드시 이 닦는 것을 잊지 않는 심성이 바른 학생이다. 수업시간에도 장난을 치거나 조는 일이 없는 모범학생 이상의 모습이다.

1학기 중반부터 임 양의 태도가 바뀌기 시작했다. 교장실을 수시로 들락거렸다. 그리고 다음 날 보니 공책에 무엇인가 열심히 쓰고 있었다. 교장선생님께서 칸 공책 첫 번째 줄에 내용을 적어 주면 임 양은 열심히 따라 적으며 쓰기 공부를 하고 다음 진도를 나가는 것이었다. 그리고 며칠 후 다시 임 양의 공책을 보니 전에 쓴 공책과 지금 쓰고 있는 칸 공책의 글씨는 확실히 차이가 났다. 지금 쓰고 있는 공책에는 또박또박 글씨가 되어 가고 있었다.

국어책을 펴고 읽으라 하면 어려운 글자를 제외하고는 모두 어둔한 발음이지만 잘 읽는다. 임 양은 마음이 착한 학생이다. 마음이 고우니 글씨도 예쁘게 보이는 것 같다. 마음으로 쓰는 글씨이다. 조금은 삐뚤어진 글씨지만 졸업할 때에는 누구 못지않은 아름다운 글씨를 쓰게 될 것이다.

21 현이의 숙제

학생 문예작품을 제출하라는 공문을 받고 교내대회를 열었다. 교내대회에서 가장 우수한 성적을 받은 학생의 작품을 제출하라는 지시가 있었기 때문이다. 학생 수가 많지 않아 국어시간에 수행평가로 글의 주제와 분량을 이야기하고 다 쓰지 못한 학생은 가정학습으로 하도록 했다. 작품을 보내야 하는 날짜가 내일이라 학생들의 작품은 내일까지 심사가 끝나야 한다.

다음 날 아침 자습시간에 내 메일을 점검해 보니 글을 가장 잘 쓰는 현이의 작품이 없었다. 숙제는 교사의 메일로 보내든지 아니면 디스켓으로 가져오라고 했기 때문이다. 현이에게 확인을 하니 분명 메일로 보냈다고 했다. 아마 메일 주소를 잘못 쓴 것이 분명했다. 현이도 난감해했다. 그러면서 집 컴퓨터에 숙제가 들어 있다며 안타까워했다.

나는 디스켓을 하나 들고 현이를 불렀다. 아직 1교시가 시작되려면 30분도 더 남았다. 현이네 집은 다행히 학교에서 4km 정도 떨어져 있었다.

현이를 차에 태우고 그의 집으로 가면서 내가 준비한 디스켓을 주었다. 집 근처에 거의 도착하자 차를 세우고 집에 갔다 오라고 했다. 현이는 나를 몇 번 돌아보더니 집을 향해 뛰기 시작했다. 아마 집에 들어가자는 말을 해야 할지 말아야 할지 망설였던 것 같았다.

한참 후 숨을 헐떡거리며 달려온 그는 디스켓을 2개나 들고 왔다. 이유를 물었더니 "또 잘못되면 어떻게 해요?"라며 눈을 동그랗게 떴다.

현이는 부모님 차를 타고 등하교를 하기 때문에 자전거도 탈 줄 모른다고 했다. 다른 학생들은 초등학교 때부터 자전거로 통학을 하는데 말이다. 매일 아침 동생과 함께 부모님 차를 타고 다니는 것이 무척 미안하다는 표정을 지었다. 나중에 어른이 되면 부모님 은혜를 잊지 말라는 내 충고를 얼굴 가득 받아들였다.

잠깐의 시간이지만 차를 함께 타고 이것저것 묻는 내 말에 또박또박 대답을 하며 묻기도 했다. 현이는 무슨 일이든지 최선을 다한다. 그리고 무척 영리하다. 대도시 어느 학교에 가도 학업성적과 예의는 결코 뒤지지 않을 학생이다. 숙제를 가지러 간 본래의 목적보다 현이와 자연스럽게 상담을 할 수 있었던 시간에 무게를 두고 싶었다.

(향토사랑방 [안동]지 2007. 6. 110호 게재)

상사화(想思花)

여름휴가가 가까워 오자 더위는 한층 기승을 부렸다. 학생들도 지쳐 그늘을 찾아 땀을 식히고 있는데 운동장 서편 개나리 담장 사이에 대순 같은 새싹이 삐죽이 고개를 내밀었다. 무엇일까? 저토록 마른 땅을 뚫고 줄기차게 솟을 수 있는 새싹은 범상(凡常)한 것이 아닌 것 같았다. 며칠 후 그것은 바로 상사화라는 것을 알았다. 봄에 자랐던 잎이 흔적 없이 사라진 그 자리에 이번에는 꽃대가 치밀고 올라온 것이다. 개나리 담장에서 시작한 꽃대는 화단 여기저기에 소복소복 고개를 내밀었다. 몹시 무덥던 날 아침, 드디어 상사화는 꽃망울을 터뜨렸다. 연분홍 꽃다발 한 아름, 아름은 등교하는 학생들을 반겼다. 상사화는 우리학교에 또 다른 명물이 되었다.

상사화에는 애절한 사연을 간직하고 있다. 옛날 얼굴 예쁘고 마음씨 착한 처녀가 살고 있는 마을에 덕망 높은 서당 훈장님이 부임했다. 밤낮으로 책만 읽는 훈장님을 연모하던 처녀는 그만 상사병에 걸리고 말았다. 날마다 훈장님의 책 읽는 모습만 담 너머로 훔쳐보며 가슴앓이를 하다가 좋아한다는 말 한마디 못하고 죽고 말았다. 서당 가까이 묻힌 그 처녀의 무덤에 어느덧 여름이 되자 연분홍 꽃이 피기 시작했다. 이 꽃이 바로 상사화(꽃무릇)라고 한다. 훈장님을 그리워하다 죽은 처녀가 꽃으로 다시 피어난 것이다.

상사화는 봄에 선명한 녹색 잎이 구근의 중앙을 중심으로 양쪽에 마주 나지만 6월에는 잎이 완전히 말라 죽는다. 꽃은 잎이 말라 없어진 다음 8월에서야 비로소 벌건 맨땅에서 꽃대만 기다랗게 나와 그 끝에 7 내지 8 송이의 꽃을 피운다. 마치 사랑의 숨바꼭질을 하는 연인마냥 잎이 나오면 꽃이 지고, 꽃대가 나오면 잎이 말라 버리는, 서로를 그리워하지만 만나지 못하는 슬픈 인연을 보는 듯하다. 그래서 꽃말도 '이룰 수 없는 사랑'인 것 같다.

중국(특히 장가계)에 가면 웅장하고 큰 바위의 절경과 아름다운 산봉우리를 볼 수 있는데 우리와 친숙한 상사화가 야생으로 자라는 것을 쉽게 볼 수 있다. 아마 중국, 일본 등에 많이 분포되어 있는 것 같다. 우리나라에는 선운사 일주문을 지나 천왕문에 이르는 길에 온통 붉은 상사화가 꽃 천지를 이룬다고 한다. 백양꽃, 석산, 상상화, 개상사화, 흰 상사화 등 다섯 종이 중부 이남에 많이 자생하고 있다고 한다. 그 종류에 따라 피는 시기는 다르지만 보통 7월에서 10월까지 4개월 동안 빨강, 노랑, 주황, 하얀색, 분홍색 등 다섯 가지의 화려한 색으로 핀다고 한다.

봄이면 한 무더기 녹색 잎으로, 여름이면 연분홍 꽃다발로 교정을 뒤덮는 상사화가 피어 있는 시골 작은 학교, 그 학교에서 나는 매일 학생들과 함께한다.

동숙아! 울지 마라

화랑문화재 행사 중 백일장을 하는 날이다. 교내대회에서 선발된 학생 3명을 출전시켜야 하기 때문에 학교에 출근하여 학생들이 오기를 기다렸다. 선생님들께 인사를 하고 차에 태워서 대회장인 경상북도교육연구원(안동)에 갔다. 백일장에 가서 해야 할 일을 일러 주다 보니 언제 왔는지 연구원에 닿았다. 벌써 많은 학생과 선생님들이 기다리고 있었다. 9시 30분까지 오라고 했지만 모두 새벽을 다투어 왔다.

대강당에 정해진 자리를 찾아 앉도록 하고 밖으로 나오니 학생을 인솔하신 선생님들이 여기저기 모여 담소를 나누고 있었다. 국어 선생님들은 언제 보아도 다정하신 분들이다. 순수함이 묻어 있어 다정한 이웃을 만난 듯 반갑게 악수를 했다.

12시가 넘어서야 2학년 현이가 웃으며 나왔다. 동숙이와 영이는 얼굴에 근심이 가득했다. 아마 글짓기가 잘 안 된 모양이었다. 제목이 무엇이었는지 어떻게 썼는지 묻다 보니 시간이 너무 흘렀다.

이제 점심을 먹어야 했다. 무엇을 먹었으면 좋을지 물으니 떡볶이, 피자, 자장면 등이 술술 나왔다. 그러다가 "무엇이든 좋아요."라며 선택권을 나에게 넘겼다. 아침 일찍 학교에 오느라 아침도 못 먹었을 그들을 생각하며 가까운 식당에 들어가기로 했다. 출장비도 조금 나왔으니 고기라도 구워 주고 싶었다.

식당에 도착하여 내가 차문을 열려고 하는데 현이가 "여기는 맛이 없어요."라며 고기를 싫어한다는 표현을 했다. 그러자 뒷좌석에 있던 동숙이와 영이도 고기에 불만이 있는지 내리지 않았다.

여기서 지금 점심을 먹는다 해도 학교까지 학생을 태워 주려면 오후 3시가 넘어야 집에 갈 수 있다는 계산이 나왔다. 어떻게 해야 내리게 할 수 있을까? 그렇다고 화를 내어 오랜만에 안동시내에 온 시골 여학생들의 들뜬 기분을 망치고 싶은 마음은 없었다. 다시 차에 타면서 무엇을 먹고 싶으냐고 물었다. 그것이 답일 것 같았기 때문이다. 그러자 동숙이는 "시내에 가서 떡볶이 사 먹고 이미지 사진 찍어요."라고 했다. 영이도 얼굴을 찡그리며 "그렇게 해요."라며 콧소리 섞인 어리광으로 조르기 시작했다. 무척 귀여운 학생들이다. 그러나 토요일 오후 시간은 딱하게도 이를 허락하지 않았다. 나는 "알았다. 여기서 고기 먹고 시내로 가자."라며 달랬다. 그러자 우르르 차에서 내리기 시작했다. 점심을 먹으면서 들뜬 마음을 가라앉혀 설득을 할 요량이었다.

　동숙이와 영이는 안동시내를 구경하면서 떡볶이도 사 먹고 이미지 사진도 찍을 것을 고집했는데, 현이는 부모님과의 약속 때문에 집에 가야 할 형편인 것 같았다. 동숙이와 영이는 현이만 태우고 가면 자기들은 놀다가 버스로 가겠다고 졸랐다. 나는 '행동을 통일해라. 그래야 내가 따라다닐 수 있다. 두 가지 행동이 나오면 어떻게 할 수가 없다. 너희들을 집까지 태워 주어야 한다. 그렇지 않고는 안심을 할 수가 없다.'라고 했다.

　식사가 끝날 때까지 세 명은 행동이 통일되지 않았다. 나는 말없이 그들을 차에 태우고 문을 닫았다. 시내 방향이 아닌 학교 방향으로 핸들을 돌리면서 부드럽게 이야기를 했다. 시내는 나중에 가도 되는 일이다. 시내도 가고 현이도 태워 주어야 하는데 방법이 없다. 그렇다고 여학생을 아무도 모르는 시내에 두고 집에 갈 수는 없는 일이다. 차 안은 정적이 흐르면서 숨소리조차 들리지 않았다. 그러다 조금 후 동숙이 쪽에서 훌쩍거리는 소리가 들리기 시작했다. 룸 밀러로 보니 동숙이는 머리를 푹 숙이고 소리 내어 울기 시작했다.

　동숙이는 모처럼 안동에 왔으니 시내 구경을 하고 싶었던 것이다. 그러나 학생을 안전하게 집까지 태워 주려는 나는 그럴 수가 없었다. 시내를 구경하고 싶은 순수한 시골 여학생의 마음을 헤아리지 못함에 대한 아쉬움과 미안함으로 학교까지 오는 데 무척 힘들었다.

학교에 오니 동숙이와 영이는 자전거가 학교에 있다며 교문에서 내렸다. 언니들에게 미안하다는 현이를 집에까지 태워 주고, 혹시나 하여 학교로 오니 아직까지 동숙이와 영이가 자전거를 밀며 힘없는 걸음을 걷고 있었다. 동숙이는 눈이 붓도록 울고 있었다. 영이는 동숙이를 달래느라 땀을 흘리고 있다가 나를 보자 불만이 가득한 얼굴로 원망했다. 동숙이를 달래던 나는 동숙아! 미안하다. 울지 마라. 다음에, 아니 몇 개월 후 고등학교에 가면 얼마든지 구경할 수 있단다.

(향토사랑방 [안동]지 2007. 2. 108호 게재)

24 가을걷이

2학기 중간고사가 시작되었다. 고사 기간은 시간이 없어 하지 못했던 일을 하기에 좋은 시간이다. 선생님들은 그동안 미루어 두었던 학생 가정방문을 한다며 계획을 세우느라 바빴다. 아무도 없이 혼자 생활하는 학생이 있어 꼭 가야 한다며 며칠 전부터 벼르는 분도 있었다.

우리학교 이 주사님은 무척 부지런한 분이다. 내년이면 정년퇴임인데도 언제나 일찍 출근하여 학교 안팎을 보살핀다. 전통이 오래된 학교이고 교지(校地)가 학교만큼이나 넓은데도 운동장에 풀 한 포기 볼 수가 없다. 여기저기 정원이 있고 자투리땅이 많은데도 언제나 잘 정돈되어 있다. 그 땅에 옥수수를 심어 교직원들에게 간식을 제공하고 채소를 심어 집에 가져가기 좋도록 봉지에 넣어 퇴근시간에 들려 주기도 한다.

테니스장 옆 자투리땅을 일구어 비닐을 덮고 손질을 하더니 어느 봄날 고구마를 심는 듯했다. 고구마는 정성껏 가꾼 보람이 있어 하루가 다르게 자랐다. 이제 가을의 길목에서 캐는 일만 남았다. 이 주사님 혼자 캐려는 것을 선생님들이 보다 못해 거들기로 했다. 거들기로 한 날이 바로 2학기 중간고사가 있는 날 오후였다. 가정방문을 가실 분도 하루 만에 볼일을 마치고 이틀째 시험 치는 날 오후에는 고구마 밭에 모였다. 학생들이 하교하고 난 교정은 너무나 조용했다. 미리 준비한 호미와 장갑을 끼고 일복으로 갈아입은 선생님들의 모습은 한솥밥을 먹는 식구들답게 서로 일거리를 찾아서 했다.

고구마 순은 이 주사님과 힘이 센 김 선생님이 낫으로 걷었다. 비닐을 걷고 나니 고구마 붉은 알이 흙 밖으로 튀어 나왔다. 호미질을 하며 알이 굵은 놈 또는 이상하게 생긴 모양에 시간 가는 줄 모르고 땀을 흘렸다. 친목회장님은 언제 준비했는지 새참은 먹어야 한다며 간식을 준비했고 행정실장은 과일을 교장선생님은 음료수를 들고 나왔다.

얼마 되지 않는 고구마 밭이지만 전 직원이 나와서 함께 일하는 기쁨을 가슴 가득 안을 수 있었다. 고구마 캐기가 끝나자 은행도 따야 한다는 말에 장대와 상자를 들고 은행나무 밑으로 모였다.

은행나무에 올라가 장대로 터는 분이나 나무 밑에서 줍는 분이나 모두 힘든 기색을 찾아볼 수 없었다. 냄새나는 은행 알알을 상자에 주워 담으며 모두 즐거워했다. 고구마와 은행은 얼마 되지 않지만 창고에 보관해 두었다가 흰 눈이 소복이 오는 날 학생들과 선생님들이 함께하는 대화의 매체가 될 것이다.

직원 친목을 위하여 여행을 가고 회식을 할 필요도 없는 것이 우리 학교의 분위기이다. 작은 일도 함께하며 웃을 수 있는 가족 같은 사람들만 모여 오순도순 살기 때문이다.

교무실과 학생

늦여름이 안간힘을 쓰며 사람을 피곤하게 하는 오후이다. 1학년 남학생이 체육복을 입고 땀을 흘리며 교무실에 들어왔다. 다짜고짜 에어컨을 켰다. 에어컨 환기구멍에 얼굴을 들이밀며 팔을 들고 만세를 부르듯 찬바람을 쐬고 있었다. 더위를 식히는 학생을 보고 나무라는 선생님은 없었다. 그저 일상으로 있는 일이라는 듯 교재 연구에 몰두했다.

계절로 보면 늦여름이긴 하지만 에어컨을 켤 정도로 더운 날씨는 아니다. 또 한 학생이 교무실에 들어오더니 선생님 의자 뒤에 있는 선풍기를 힘껏 틀어 옷을 반 정도 벗고 흔들며 땀을 식혔다. 언제 왔는지 에어컨 앞과 선풍기 앞에는 여러 명의 학생들로 북적대고 선생님들은 학생들을 위해 잠시 자리를 양보해 주었다.

요즘 학생들은 무척 자유로운 학교생활을 한다. 교무실에 출입하는 자세부터 옛날과 무척 다르다. 옛날에는 교무실 출입문에 들어서면 거수경례를 하고 용무만 간단히 보고 나가면서 또 거수경례를 했다. 요즘 학생들은 교무실에 들어오면 노크를 한다. 부담 없이 출입문을 열고 요구사항을 이야기하거나 행동으로 옮긴다.

교무실에 오는 학생들의 유형을 보면 화장지가 없어서, 우산이 없어서, 너무 더워서, 너무 추워서 또는 비가 오면 차를 같이 타고 가자고, 심지어 하드나 과자를 사 달라고 예쁘게 조르는 학생도 있다.

교무실에 학생들이 자유롭게 들락거리게 된 것은 아마 교복이 자율화되고부터 조금씩 그래 왔던 것 같다. 교복이 자율화되었다가 다시 교복을 입게 되었어도 옛날의 교복세대와는 거리가 멀어 보인다. 그동안 시대도 많이 바뀌었고 교무실에 대한 인식도 달라졌다.

수세식 화장실이 일반화되자 학교에서도 수세식으로 개조하였다. 그러나 화장지는 학생 개인이 준비하는 것이 보통이었다. 그러다 언제부터인가 학교에서 화장지를 준비했다. 학교에서는 화장지를 사기 위해 우유팩과 폐지를 모으기도 했는데, 이제는 어떤 방법으로든 학교에서 화장지를 준비하는 학교가 무척 많아졌다. 학교에서 화장지를 준비하자 학생들은 한 수 더 떠서 휴지가 없으면 교무실에 와서 휴지를 달라고 하게 되었다.

얼마 전만 해도 초등학교 입학식에 가면 가슴에 손수건을 매달고 있었다. 그것은 이름표도 되고 코 닦는 수건도 되었다. 요즘 학생들은 손수건보다 휴지를 주머니에 넣고 다니는 것이 생활화되었다. 생활이 윤택해지고 문화생활을 누릴 수 있게 된 것이다. 그렇다고 우리가 걱정할 만큼 버릇이 없어진 것은 더욱 아니다. 예의 바르고 윗사람을 공경하고 남을 배려하는 마음은 그대로 간직하고 있기에 다행스러운 일이다.

(향토사랑방 [안동]지 2007. 6. 110호 게재)

26 단풍 또는 가을

　단풍은 저녁노을처럼 산꼭대기에서 내려온다.

　안동에서 대구 가는 넓은 도로는 속도를 내지 않으면 뒤차에 밀린다. 천천히 가다가는 창피를 당한다. 흰 불을 번득번득하며, 경적을 힘껏 누른다. 그것도 아니면 옆에 바짝 다가와서 창문을 열고 아름답지 못한 언어 폭탄을 터뜨리고 달아난다. 속도 때문에 산을 올려다볼 겨를도 가로수를 누빌 여유도 없이 그저 경쟁하듯이 달아나야 한다.

　안평 가는 길은 바쁜 길이 아니니 살 맞은 노루처럼 달아날 필요가 없다. 지나가는 차량을 만난다는 것은 조선시대 시골 주막을 만나는 것만큼이나 어렵다. 산을 쳐다보기도 하고 저수지 깊이를 가늠해 보기도 하며 천천히 때로는 빠르게 마음대로 속도를 조절할 수 있다.

　단풍은 산 위에서 조금씩 도로변으로 내려온다. 때로는 추월하는 붉나무도 있지만 겨울이 두려워 서로를 견제하며 천천히 내려온다.

　지난여름 하늘을 찌를 듯하던 칡넝쿨의 기세도 그 힘을 잃어 가고, 갈대가 바람에 흔들릴 때면 감이 익고 들국화가 핀다. 저수지 물이 맑아져 물안개를 피워 올리면 가을은 도로를 건너 들판으로 향한다. 겨울을 준비하는 논밭이 속살을 드러내면 가을은 안평 가는 길 가운데로 스며든다.

가을이 길 가까이 내려오면 계절에 안타까움은 낮은 목소리가 된다. 길에는 어느새 서리가 내려앉고 나뭇잎들은 이제 앙상한 가지만 남는다.

고속도로 터널 위로 지방도로가 굽어 흐른다. 터널 위에 서면 고속도로의 속이 민망하게도 훤하게 보인다. 칡 커튼이 있던 주변은 갈대밭이다. 키 큰 갈대의 허리가 서걱이면 흰머리 들이 모여 반상회를 한다.

갈대가 우거진 산마루에 아침 해가 피어오른다. 아침 산골길은 깨끗함과 정적이 있을 뿐이다. 여름내 잎을 울창하게 피워 커튼을 만들던 칡은 줄기만 바람에 매달려 있다. 완연한 가을이다. 비워진 들판엔 산모와 같이 앙상한 몸으로 다음을 준비하고 있다. 뽑힌 고추나무가 여기저기 굴러다니는 밭에는 씀바귀가 파랗게 자라고 일찍 몸단장한 논에는 양파가 돋았다.

흐드러진 구절초가 이슬을 머금고 들길에 나오면 산은 또 다른 색채로 나무를 단장하여 구경 보낸다. 굽은 도로를 돌아 오르는 곳에 감이 주렁주렁 매달려 주인을 기다리고 있다.

농부들은 부지런히 수확에 여념이 없는데 나는 올해도

뿌린 것 없이 힘만 빼다 보니 거둬들일 것이 하나도 없다.

매년 가을이 되면 다음 해를 풍성하게 맞이해야겠다고 다짐하지만 소용없는 일이 되고 만다. 시간을 소중하게 쓰지 못한 어리석음이 문제이다. 쉴 새 없이 또 한 계절이 시작되지만 청설모가 먹이를 오물오물 씹는 모습에서 새로운 기운을 얻는다.

산골의 가을은 붉음과 푸름이 함께한다. 물 위에 비친 파란 하늘이 저렇게 아름답다는 것을 느껴 본 적이 무척 오래다. 꿈속을 헤매고 있는 듯하다.

저 건너 고속도로 넘어 작은 마을의 집들이 지붕에 곶감을 이고 가을을 준비한다. 참 아름다운 풍경이다.

고추모종 2

　‘안평 가는 길 9’에 고추모종을 쓴 일이 있다. 아마 이 글은 그 후일담이 될 것 같다.

　학부형이 준 고추모종을 온 동네 꽃밭에 심고 나서 이집 저집 화단을 돌아다녔다. 잘 자라는 집도 있었지만 말라죽고 없는 집도 있었다. 우리 집 화단에 고추모종은 무척 잘 자라 주었다. 거름도 없는 척박한 화단에 고추는 가지가 벌어져 화단 가득 고추밭이 되었다. 작은 흰 꽃이 피더니 고추가 열리기 시작했다. 아침저녁으로 보살펴 준 덕분인지 어느새 고추가 주렁주렁 열렸다. 여름내 풋고추를 따 먹고도 붉은 고추가 보이기 시작했다. 붉은 고추를 한두 개 따 모아 옥상에 널어 두었는데 한 줌은 족히 되었다.

　겨레의 명절인 추석이 다가왔다. 고추모종을 준 학부형이 생각났다. 고추모종을 얻고 고추가 다 자랐는데도 고맙다는 말 한마디 하지 못했다. 퇴근길에 작은 선물을 준비하여 고맙다는 말이라도 하고 싶었다. 그 학부형 집은 학교에서 10여 분 거리에 있었다. 마침 대문이 열려 있어 들어갔더니 학모님이 계셨다. 정중히 인사를 하고 그동안 고추모종이 잘 자라 여름내 풋고추를 따 먹은 이야기를 하며 선물을 전했다. 한참 이야기를 듣고 있던 학모님은 선물은 무슨 선물이냐며 손을 내저었다. 내가 억지로 방문 앞에 두고 나오자 내 뒤를 따라 나오며 잠시만 기다리라고 했다. 그냥 들어가시라고 손을 흔들었으나 그저 잠시만 기다리라고 했다.

집 모퉁이로 들어가더니 한참 후에 손에 무엇인가 들고 나왔다. 금년에 양파가 잘되었는데 이것이라도 가져가라고 했다. 마치 외지에서 온 친척에게 농산물을 주듯이 흙이 차에 묻을 세라 신문지까지 깔아 주며 차에 넣어 주었다.

감사한 마음에 은혜를 갚으러 갔다가 또 신세를 지게 되어 난감하기 짝이 없었다. 그래 다음에 또 갚으면 되지 하고 차에 오르는데 기분이 이상했다. 빨리 가라고 손짓을 하는 학모님을 뒤로하고 차를 움직이는데 발길이 떨어지지 않았다. 누가 말하는 뇌물은 아닐 것이라고 고개를 저으면서도 영 개운치가 못했다.

그저 주고받는 인정이려니 하기에는 너무 고마운 일이다. 고향에 갔다가 얻어 오는 농산물과는 사뭇 달랐다.

28 뽕나무와 강당터

우리 학교 교사(校舍) 뒤편 동쪽 언덕 위에는 강당이 있었던 자리가 있다. 그 언덕에 오르는 길은 오래된 시멘트 계단을 올라가야 한다. 계단 중간 지점에 언제부터 자라기 시작했는지 뽕나무가 우뚝 서 있다. 시멘트 계단은 세월을 이기지 못해 허물어진 것을 몇 번인가 그 명목이라도 유지하려는 듯 땜질을 했다.

뽕나무에 파란 오디가 열리기 시작하더니 제법 검은색을 띠게 되어 먹음직하게 보였다. 점심시간이었다. 오디를 따기 위해 창고에 있는 학생의자를 꺼내어 계단으로 올라갔다. 내가 뽕나무에 오디 따는 것을 보고 2학년 남학생 몇 명이 다가왔다. 가만히 쳐다보더니 먹는 것이냐고 물었다. 먹으면 맛이 달다고 하자 그 중 한 학생은 맛을 안다는 듯 뽕나무를 후려잡더니 능숙하게 오디를 따서 입에 넣었다. 그러자 다른 학생들도 한두 개 따서 입에 넣더니 뱉어 버렸다.

뽕나무가 수난을 당했다. 아마 내가 없는 사이에 의자도 없이 나무에 올라간 모양이다. 나무 꼭대기 한가운데가 부러져 하늘로 향해야 할 가지가 땅에 처박혀 있었다. 무척 안타까운 일이다. 부러진 가지를 톱으로 잘라 주었으면 하다가 차일피일 미루기만 했다. 그러다가 생각이 나서 계단에 가 보니 가지는 거꾸로 매달려 부러진 그대로 새잎이 나고 있었다. 끈질긴 생명력은 환경에 순응하고 있었다.

계단 위에는 강당이 있었다고 연혁지는 말하고 있다. 지금은 그 흔적으로 계단만 남아 있다. 여기다 강당을 짓고 학생들에게 훈화를 하던 선배님들이 떠오른다. 그때는 학교의 규모도 크고 학생 수도 무척 많았으리라. 그러다 교사(校舍)가 현대식 건물로 신축되고 강당은 너무 낡아 쓸모가 없어지자 터만 남기고 역사 속으로 사라진 것이다.

학생들이 아침저녁으로 청소하던 시멘트 계단을 이제는 뽕나무 고목이 지키고 서 있다. 누구 하나 올라가지 않는 곳이련만 뽕나무는 묵묵히 강당 터를 지키고 있었다.

기억 속으로 묻혀 버린 강당은 잡초가 우거져 학생들도 잘 가지 않는 한적한 곳이다. 부지런한 학교아저씨가 가을을 맞이하느라 풀을 베고 청소를 했다. 그리고 바람도 불고 가을비가 내리는 시간이 흐른 뒤, 그 계단을 우연히 올라가게 되었다. 그런데 거기에는 새로운 생명이 자라고 있었다. 계절을 망각한 쑥이 파랗게 돋아난 것이다. 봄에 탐스럽게 자라 꽃을 피웠을 그 쑥이 또 새싹을 피우고 있었던 것이다.

오디를 빼앗겨 버린 뽕나무는 그렇게 해묵은 계단과 함께 가을을 맞이하고 있었다. 그러다 누가 다듬어 주었는지 땅을 향하던 볼품없는 가지는 없어지고 엉덩이가 펑퍼짐한 뽕나무로 만들어 놓았다. 또다시 봄을 맞이하고 여름이 오면 까만 오디를 키울 것이다.

(향토사랑방 [안동]지 2007. 6. 110호 게재)

29 견적이 안 나와요

3학년 수업을 마치고 복도로 나오는데 남·여 학생들이 마루와 마루 사이의 시멘트 바닥에 앉아서 혹은 누워서 놀았다. 남학생과 여학생이 어울려 장난을 치고 있는데 남학생에게 물었다. "너희들 사귀고 있지?" "아니요. 아직 결정을 못 했어요. 애는 견적이 안 나와요." 나는 무슨 말인지 몰랐다.

눈이 작고 쌍꺼풀이 없고, 들창코여서 콧대가 작고, 볼이 너무 나왔고, 턱이 턱없이 작고, 키가 작으니 다리를 잘라서 키를 키워야 하고, 그리고 한참 머뭇거리더니 '가슴도 해야겠네요. 도저히 저 능력으로는 불가합니다. 견적이 안 나옵니다.'

물론 농담이겠지만 이런 농담이 나온다는 것은 시대를 반영한 것이 아닌가 한다.

세상이 바뀌어도 너무 바뀌었다. 사람을 금전으로 환산하다니, 물질 만능 세태가 우리 학생들을 그렇게 말하도록 만들었구나! 가슴이 답답해 왔다. 이성을 보는 눈, 특히 여학생 몸을 정형수술을 할 생각을 하다니, 얼마 전 텔레비전

프로그램에서 정형수술을 수십 번 한 사람이 출연한 것을 본 적이 있다. 그 사람은 무척 미남이었다. 그런데 정형수술을 했다니 믿어지지 않았다. 우리 주변에도 눈 쌍꺼풀과 코를 수술한 사람은 쉽게 볼 수 있다.

다른 학교에서 일이다. 교실에 들어가 교재를 펴는데 용감한 한 학생이 일어서더니 다짜고짜 "선생님 머리 가발이지요." 했다. 나는 어리둥절하여 사태파악을 하느라 가만히 서 있었다. 아마 내 머리 모양이 매일 같은 것에 학생들은 의문을 품은 것 같다. "가발일 거야! 그럴지도 몰라!" 그러다 학생들은 내기를 한 모양이다. 한참을 생각하던 나는 의문을 풀어 주기로 했다. 질문을 한 학생을 앞으로 나오라고 했다. 내 머리카락 한 개를 뽑으라고 했다. 학생들은 긴장을 했다. 내 머리카락을 뽑아 든 학생이 실망의 빛을 얼굴 가득 띠우며 고개를 숙였다. 내가 말했다. "가발이냐? 아닙니다." 가발 해프닝은 그렇게 끝이 났다. 그리고 몇 년이 지났다. 다른 학교로 옮기고 3월도 저물던 어느 날 학생들은 또 의문을 품었다. 내 코가 가짜라는 말이 오고 간 모양이다. 소문의 진원지를 알아보니 그 학생의 삼촌이 서울에 사는데 들창코를 수술한 학생이었다. 이번에는 증명할 길이 없었다. 생각하니 어릴 적 사진을 보여 주는 도리밖에 없었다. 출근길에 사진첩을 들고 갔다. 첫돌 사진부터 고등학교 때까지 보여 주기로 했다. 어릴 적 내 사진을 들여다

본 학생들은 키득키득 웃더니 소리 내어 웃기 시작했다. 진짜 코를 증명하기에 바빠 첫돌 무렵 아랫도리를 벗은 나신을 보고 감수성 많은 여학생들이 웃는 것이었다.

외모가 흉하든 귀하든 내적인 아름다움이 먼저라고 강조를 해도 외모에 신경을 많이 쓰는 청소년들에게 경험하지 못한 내적 아름다운은 아직 너무 멀리 있는 것 같았다.

(향토사랑방 [안동]지 2007. 4. 109호 게재)

아름다운 사람들

　3학년 졸업고사를 치게 되었다. 마지막 날이 하필이면 실업계 고등학교 전형일과 맞물리게 되어 낭패가 생겼다. 고등학교 면접고사를 치는 시간을 알아보니 다행히 오후 2시라고 했다. 3학년 4명이 지원하는 공고는 가까운 의성읍에 있으므로 별문제가 되지 않았으나, 여학생 2명이 가는 실업계 고등학교는 안동에 있어 시간 운영에 문제가 되었다. 안평에서 시내버스를 타고 의성에 가서 다시 안동 가는 시외버스를 타야 갈 수 있다. 안동에 가서 또 시내버스를 타야 하므로 적어도 3시간은 필요했다. 3교시 졸업고사를 치고 나면 11시 40분이므로 도저히 시간이 모자랐다.

　방법이 없을까? 고등학교에 전화를 하여 조금 늦다고 하면 될까? 졸업고사를 한 시간 덜 치고 공결로 할까? 교무실에서 선생님들이 머리를 맞대고 여러 가지 방법을 강구했다. 그러다 자가용으로 안동까지 데려다 주면 어떨까? 마침 3학년 담임이 가겠다고 하여 일단 그렇게 하기로 했다. 다른 학교는 문제도 되지 않을 고등학교 입시 면접인데, 학부형이 학생을 데려가든지 학생이 직접 가면 될 일인데 우리 학교는 그럴 형편이 못 되었다.

다음 날 졸업고사 마지막 날이 되었다. 그런데 의성읍에 가는 학생들에게 문제가 생겼다. 안평에서 의성 가는 버스가 11시 30분과 13시 30분에 있다는 것이다. 그러면 의성 가는 학생은 3교시 후에 가야 되는데 도저히 11시 30분 차는 타기 힘들었다. 그렇다고 13시 30분 차를 탄다면 14시까지 갈 수가 없었다. 3학년 담임에게 6명을 태우고 억지로 가라고 할 수도 없는 형편이었다.

마지막 한 시간 시험은 공결로 하자는 의견이 나와도 반대할 명분이 없었다. 그러나 방법은 있었다. 의성까지 자가용으로 가면 버스를 기다릴 필요도 없으니 30분이면 충분했다. 그렇게 되면 졸업고사도 칠 수 있고 학교에서 점심도 먹을 수 있었다.

회의에 참석하지 못한 선생님께 오늘 학사 일정은 변동이 없다고 하자 모두 의아해했다. 그리고 내가 잠깐 의성읍에 다녀오기로 했다고 하자 평소 물불 가리지 않고 열심히 하시던 김 선생님이 큰 소리로 "제가 갔다 오지요." 했다. 조금 후 내년이 정년인 친목회장님이 "내가 갔다 오지 뭐!" 했다. 그러자 모두 가겠다고 했다. 참 난감한 일이다. 나도 모르게 가슴이 저려 왔다.

한참 후 학교일에 앞장서서 어려운 일은 도맡아 하던 정보부장이 살짝 내 옆으로 왔다. 예쁜 얼굴에 근심을 가득 신고 하는 말이 "옆 교실에 가서 할 이야기가 있다."며 고개를 숙였다. 지은 죄가 있는 것 같기도 하여 겁이 났다. 예쁜 여선생님이 부르는데 아무 말 없이 따라가기도 민망하여 가슴이 설렌다고 중얼거리며 따라갔다. 가사실에 들어서자마자 문을 닫더니 "제가 3학년 부담임이고 하니 의성읍에 가게 해 달라."고 했다. 너무 고마워 얼굴이 붉어지던 나는 "일 없는 내가 가지요." 했다. 정보부장은 사슴보다 더 선한 눈동자에 물기를 머금은 채 가겠다는 뜻을 끝까지 굽히지 않았다. 진정으로 고마운 일이었다. 돌아서던 나는 무슨 말이라도 해야 하는데 말이 나오지 않아 멍하니 바라보다가 교무실로 돌아오고 말았다.

아름다운 사람들이 모여 사는 곳에서는 모든 것이 아름답게 보이고 향기가 나는가 보다. 어둡고 침침하던 교무실이 훤해지는가 싶더니 아름다운 꽃으로 가득했다.

(1에서 30까지 경상북도교육청 홈페이지 게재)

31 목걸이

　수업을 하다가 학생활동을 점검하기 위하여 순회를 하게 되었다. 앞에서 뒤로 갔다가 뒤에서 앞으로 오고 있는데, 고개를 숙이고 열심히 과제를 해결하고 있는 옥영이의 목걸이를 보게 되었다. 평소에는 머리카락과 옷에 가려 보이지 않았는데, 고개를 숙이니까 반짝반짝하는 목걸이가 보였다. 나는 장난기가 발동하여 건너 자리에 앉아 있는 동숙이에게 슬쩍 말을 걸었다.

　"옥영이는 목걸이가 있는데 동숙이 너는 목걸이가 왜 없노?"

　동숙이에게 묻는 것은 이유가 있었다. 두 학생은 외모도 예쁘지만 성적도 우수하고 마음씨도 무척 고와서 서로 라이벌같이 보였기 때문이다. 옥영이가 동숙이보다 키가 약간 작은 것 같아 키 좀 크라고 놀린 적도 있었다.

　동숙이는 내 말을 듣자마자 고개를 들더니 옷 속에 감추어진 목걸이를 자랑스럽게 꺼내어 보였다. 옥영이의 목걸이보다 더 굵은 것 같았다. 나는 자연스럽게 목걸이를 누가 해 주더냐고 묻게 되었는데 동숙이는 '경우 어머니가 사

주었다'며 씩 웃었다. 그때 뒤에 앉아 있던 휘경이가 한마디 거들었다.

"동숙이요, 경우하고 장래를 약속했잖아요."

경우와 동숙이는 한마을에 산다. 그들의 어머니는 학교운영위원회 위원이며 교육열이 대단한 분이다. 학교운영위원회를 할 때 들은 이야기가 생각났다. 경우 어머니가 동숙이 어머니보다 몇 살 더 많아 언니라고 부르며 자매처럼 서로 의지하고 산다고 했다.

나는 동숙이가 민망해할까 싶어 '동숙이 어머니와 경우 어머니는 친한 사이'라고 큰 소리로 말해 주었다. 그리고 동숙이와 경우를 보며 앞으로 서로 친해지려면 어느 쪽이라도 기울면 안 된다고 했다. 만약에 경우가 일류 대학에 들어가면 동숙이도 들어가야 서로 비슷해지는 것이니 열심히 공부하라고 일러 주었다.

동숙이와 경우는 멀거니 나를 보며 고개를 끄덕거렸다. 아마 휘경이의 말이 맞는 모양이었다.

민망함으로

7교시를 마치고 청소가 끝나자 학생들은 도서관으로 갔다. 시골이라 집에 일찍 간다 해도 부모님들이 농사일에 바빠 집에 계시는 것도 아니고 그렇다고 학원에 가는 학생도 드물다. 운동장에서 축구를 하거나 오락을 하는 것이 보통이다. 학교에서는 독서 환경이 좋은 도서관에서 한 시간 정도 독서와 과제를 하는 것이 무척 유익할 것 같아 학생들에게 권했는데 대다수 학생들이 따라 주었다. 선생님들도 퇴근 시간이 지났는데도 바쁜 분들을 제외하고는 5시까지 열심히 지도를 했다.

학생들이 도서관에서 책을 읽는 동안 교무실에는 한두 분의 선생님이 남아 잡무를 처리하는 것이 보통이다. 나도 잡무를 처리하다 보면 5시가 되어 퇴근을 하는 일이 다반사인데, 오늘은 혁신의 날 독서과제를 하기 위하여 책을 읽고 있었다. 조금 전까지 내 옆에서 잡무를 보시던 분이 밖으로 나가고 나 혼자 적막한 교무실을 지키고 있었다.

아침형 인간이라는 책에 빠져 열심히 독서를 하는데 배에서 이상한 소식이 왔다. 마지막까지 책상 앞에 있던 분이 밖으로 나간 것을 생각하고 이때다 싶어 소리가 나도록 시원함을 만끽했다. 그리고 또 한 번, 보통 때 같으면 교무실에서 생각지도 못할 일이었으나 아무도 없음을 확인하고 마음 놓고 소리를 냈던 것이다.

얼마의 시간이 흘렀을까 밖에 나갔던 분이 들어오면서 퇴근을 재촉하고 먼저 나가 버렸다. 도서관에서 독서를 하던 학생들도 시간이 되자 현관으로 나가는 소리가 왁자지껄하게 들렸다. 나는 느긋하게 책상을 잠그고 창문을 닫고 마지막으로 실내등 스위치가 있는 캐비닛 쪽으로 가는데 돌이킬 수 없는 낭패감과 민망함을 느끼지 않으면 안 되었다. 아무도 없다고 생각했던 교무실에 나와 마름모 방향의 출입문 쪽 책상에 얌전히 앉아 사무를 보고 있는 젊은 여선생님의 머리를 발견한 것이다. 그는 아무 말 없이 일을 하고 있었다. 평소 말 없기로 하면 첫째가는 그녀였다. 젊은 분이지만 행동은 고참교사보다 더 침착했다.

아무도 없는 줄 알고 마음대로 가스를 방사했던 나는 너무도 민망하여 '무슨 말을 해야 되나' 아니면 '다른 문으로 아무 소리 없이 빠져나가야 하나' 잠시 망설였다. 전기 스위치가 뒷문 옆에 있고 출입문은 그녀 옆에 있었다. '아무 소리 없이 빠져나가는 것보다 태연하게 나가기로' 정했다. 교무실 문을 나오며 "퇴근합시다." 하고 출입문을 나왔지만 너무도 민망하여 무엇인가 잊어버린 것 같은 느낌, 아니면 할 말이 남아 있는 사람마냥 현관 앞 신장으로 가지 못하고 한참을 서 있었다.

(향토사랑방 [안동]지 2007. 6. 110호 게재)

33 두루마리 편지

스승의 날이 일요일이라 학교에서는 토요일 아침에 간단한 기념식을 하기로 했다. 기념식은 교실 2칸, 작은 강당에서 거행되었는데 보통 조회와 다른 점은 학생들이 미술 시간에 만든 꽃을 선생님께 달아드리는 순서와 여학생 2명의 리코더 연주, 그리고 스승의 날 노래였다. 미술선생님의 솜씨로 '제24회 스승의 날'이라는 커다란 글씨와 풍선이 걸려 있었다.

전교생 32명이 서 있다가 흩어진 자리는 큰 학교의 학급 조회를 마친 뒤보다 더 쓸쓸했다. 기념식을 마치고 계단을 내려오는데 3학년 학생이 무엇인가 교장선생님께 공손히 전했다. 겹눈으로 슬쩍 본 나는 매스컴에서 그렇게 떠드는 '선물'이라는 것인가 하고 고개를 끄덕였다. 작은 학교에도 그런 것이 존재한다는 말인가 몹시 궁금해하며 교무실로 들어왔다.

조금 후 교장선생님께서 얼굴 가득 웃음을 담고 교무실로 들어오면서 무엇인가 선생님들께 내밀었다. 언뜻 보니 계단에서 학생이 조심스럽게 내밀던 바로 그것이었다.

교장선생님은 "나는 무엇인가 궁금하여 교장실로 가다가 열어 보았는데 우리 선생님 모두에게 주는 선물입디다." 하고는 펴 보였다. 그것은 두루마리 편지였다. 선생님 열 분에게 전교생 서른두 명이 정성스럽게 글을 썼다. A4용지 10장에 쓰인 편지는 선생님 한 분이 한 장이 되도록 썼는데, 선생님의 장단점과 고마움의 글이 쓰여 있었다.

두루마리를 펴 놓고 진지하게 읽어 내려가는 선생님들의 얼굴에는 만족스런 미소가 일기 시작하더니 한바탕 박장대소로 이어졌다. 화분 하나 없던 교무실이 갑자기 꽃 천지가 된 듯 활기를 띠기 시작했다.

출석부를 들고 교실로 들어가시는 선생님들의 얼굴에는 미소가 가득했다. 두루마리 편지를 생각한 학생들의 기발함에 놀라지 않을 수 없었다.

(2005. 5. 17. 경상북도 의성교육청 홈페이지 탑재)

2006 년도

새내기 오던 날

　서른두 명 중에 체격이 큰 열다섯 명이 졸업을 하고 없으니 학교가 텅 빈 느낌이다. 졸업생이 앉았던 교실과 특별실은 금방 어디에서 선생님하고 학생이 뛰어나오며 부를 것 같은 착각에 빠지곤 했다. 그러나 그들의 빈자리는 오래 가지 않았다. 신입생이 열한 명이라는 배정원서가 도착했기 때문이다. 숫자로 보면 4명이나 줄어든 셈이다. 우리 학교로 보면 많은 수의 학생이다.

　신입생이 들어오는 입학식 날이 되었다. 새내기를 맞이한다는 기쁨으로 아침을 다투어 온 선생님들은 입학식 준비와 학부형을 맞이하느라 정신이 없었다. 10시가 되자 면내 기관장님들이 먼저 도착하고 학부형들이 한두 사람 모이기 시작했다. 장학금을 지급해야 한다며 어렵게 준비한 식당 사장님은 장학증서를 만들어 달라고 했다. 학생 수보다 입학식을 축하하기 위해 오신 분들이 더 많았다.

　신입생들이 하나, 둘 식장으로 들어왔다. 남학생 8명, 여학생 3명이 모여 있는 것을 보고 교무실로 왔다. 그런데 뜻밖에 신입생이 한 명 더 불어나게 되었다. 입학식 준비에 정신이 없는데 외할머니 손을 잡고 교무실로 살며시 들어온 예쁜 여학생이 한 명 더 있었다. 손녀의 손을 잡고 온 할머니는 입학식 하는 날 아침을 기다려 학교로 왔다고 했다. 이제 12명이 입학을 하게 된 것이다.

그러다 며칠 후 또 한 명이 왔다. 가까운 학교에 전학을 하려고 했는데 그 학교에는 1학년이 없는 학교여서 우리 학교로 오게 된 의젓한 남학생이다. 3학년 15명이 졸업을 하고 신입생 13명이 들어온 것이다.

며칠 후 교실에 들어가니 초롱초롱한 눈망울들이 너무 맑았다. 금년에 졸업한 학생의 동생들도 보였다. 선미의 동생 준오, 현숙이 동생 진오, 경식이 동생 오식이, 영석이 동생 민해 그리하여 여학생 4명이 앞에 앉고 남학생 9명이 뒤로 하여 네 줄이 꽉 찼다. 준비도 검사 성적이 다른 학교 학생에 비해 무척 좋은 학생들이라는 선입감 때문인지 모두가 모범생같이 보였다. 부진아 검사를 해도 해당자가 없어 무척 다행이다. 초등학교에서 열심히 가르치신 덕분이었다.

발표를 해도 13명 모두 손을 드는데 누가 먼저 시켜야 할지 당황하지 않을 수 없다. 모든 학생들이 신입생과 같다면 좋을 듯했다.

02 한솥밥

　학생이 도시락을 싸 오고 담임이 큰 그릇을 준비하여 한 반 학생이 밥을 같이 비벼 먹는 행사를 하는 선생님을 본 적이 있다. 반의 단합과 한 식구라는 연대감을 형성하기 위한 방법이라고 했다. 고개를 끄덕이다가 흔들기도 했다.

　학교 뒤뜰에 자투리땅이 조금 있다. 건물을 지었다가 헐고 새 건물을 지으면서 생긴 땅이다. 부지런한 학교아저씨가 배추, 상추, 쑥갓, 무, 시금치, 파를 조금씩 심었다. 이른 봄에 뿌린 씨앗이 하루가 다르게 자라더니 이제는 뽑아 가도 좋으니 뽑아 가라고 했다. 선생님들은 보기만 하고 뽑기를 꺼렸다. 너무 예쁘게 자라 뽑기가 송구스럽다고 했다. 어느 날 퇴근 시간이 되어 현관에 나가니 교직원의 수만큼 채소를 싸 두었다. 뽑아 가라고 해도 뽑아 가지 않으니 이제는 아예 다듬어서 들고 갈 수 있도록 해 준 것이다. 너무 고마웠다. 그리고 한참이 지났다. 현관을 들락거리며 수돗가에 가다가 채소밭을 보았는데 이제는 아주 많이 자랐다. 배추는 한 잎으로 쌈을 싼다면 두 번은 쌀 수 있을 정도로 자랐다.

점심시간이 가까워 졌다. 누가 먼저랄 것도 없이 채전밭으로 바구니를 들고 들어간다. 그릇을 들고 나물을 뜯으면 수업이 없는 다른 선생님들이 나온다. 그러다 보면 수돗가에는 여러 명이 채소를 씻느라 진풍경이 벌어진다. 채소를 씻는 방법을 강의하는 사람, 잘못 씻었다고 꾸중하는 사람, 아무 말 없이 일만 하는 사람들로 야단법석이다.

누가 민들레가 좋다고 하기에 나는 민들레를 괭이로 캐서 뿌리와 잎을 나누고 솔로 씻어 채소와 함께 가지런히 식탁에 놓았다. 초등학교에서 밥차가 오면 큰 그릇에 비빌 준비가 된 것이다. 그러다 밥차가 와서 소리를 지르면 다른 그릇을 들고 밥을 교직원 수만큼 푸고 비빌 수 있는 반찬도 함께 퍼서 교무실로 가져간다. 팔을 걷어붙이고 속이 보이는 요리용 장갑을 끼고 고추장과 된장을 넣고 버무리기 시작한다.

마음에 드는 반찬 몇 가지와 수저만 식판에 챙겨 오면 비빔밥을 식판 가득 담아 준다. 비빔밥을 분배받은 사람은 식탁 주변으로 아니면 제자리로 돌아가 식사를 한다.

처음에는 한두 사람으로 시작했는데 이제는 전 직원이 참여하는 중요한 행사가 되었다. 채소가 다 자라 못 쓰게 되면 또 씨를 뿌려 가꾼다. 채소가 다하는 가을까지 늘 이렇다. 어쩐지 어색해하던 사람도 또는 집에서는 부엌에 들어가지 않던 사람도 분위기가 그러하니 채전에 가서 채소를 솎아 내고 수돗가에 가서 씻는다.

한솥밥을 먹는 사람, 우리는 한솥밥이 아니라 반찬까지도, 아니 음식을 한 그릇에 비벼 먹는 끈끈한 동료애로 뭉쳐 있다. 점심이 그러하니 몇 사람이 밤낚시를 가면 소식을 아는 사람은 어김없이 낚시터로 모여든다. 집에 일이 있어도 저녁 늦게라도 참석하여 말이라도 한마디 거들고 간다. 어느 직장이 이런 분위기일까? 나는 삼십 년 동안 열 개 이상의 학교를 다녀 봤지만 퇴근 시간만 되면 집에 가기 바빠 인사도 나누지 못하고 종종걸음을 치는 것이 보통의 학교인데 우리 학교는 한 사람이라도 일이 바쁘면 모두 퇴근을 하지 않는다. 그 사람이 자리에서 일어나면 함께 퇴근을 한다.

근무시간이 끝나면 이제는 사석이 되어 상관을 보아도 고개를 돌려 버리는 일도 있다는데 근무시간도 없이 서로 돕고 사는 아름다운 사람들이 사는 곳이 우리 학교이다.

03 혁신사례 발표대회

혁신사례를 발표한다는 공문이 왔다. 행정실로 분류된 공문이지만 교육활동 사례를 발표해야 될 것 같아 선생님들이 손을 걷어붙였다. 사례를 내어야 할 날이 이틀밖에 없었으므로 주제를 정하고 사례의 뼈대를 정하는 데 꼬박 하루가 걸렸다. 남의 일 내 일을 가리지 않는 것이 우리학교 교무실 분위기인지라 서로 도와줄 일이 없는지 기웃거렸다. 교장선생님은 아이디어를 공모한다며 직원회의를 열었다. 몇 개의 아이디어 중 선택된 것은 지금까지 하고 있던 '체험학습'이다.

체험학습을 했던 기안과 사진을 모으고 보고서를 작성했다. 솜씨가 좋은 김 선생님이 의견을 모아 정리를 했다. 시간이 너무 촉박하여 허둥지둥 사례를 제출했는데 다행히 예선을 통과했다는 연락을 받았다. 모두들 기뻐했다. 최우수상을 받으면 상금이 50만 원이라 했다. 우수상이 30만 원이며 장려상은 10만 원이었다.

이제 보고를 하는 준비를 해야 했다. 보고회 시나리오가 완성되고 화면구성을 하느라 정신이 없었다. 김 선생님은 밤을 새워 했는지 눈이 벌개져서 출근을 했다.

보고서를 쓰는 기간도 이틀뿐이더니 보고회 준비를 하라는 기간도 이틀뿐이었다. 시나리오와 화면을 맞추며 말이 어색한 곳을 고치느라 오전을 다 보냈다. 수업을 바꾸고 출장을 달아 보고회를 한다는 교육청으로 갔다. 예선을 통과한 10개 초·중학교와 기관의 직원들, 학부형이 자리를 가득 메웠다. 아마 150명은 될 것 같았다. 우리학교는 여덟 번째 발표로 기다리는 내내 손에 땀을 쥐었다.

보고회 분위기가 이상했다. 연구학교나 시범학교 보고회를 많이 보아 왔지만 보고자의 태도는 여유가 넘쳐 진지함은 어디 가고 웃음이 가득한 화기애애한 분위기로 변했다. 드디어 우리학교 순서가 왔다. 에어컨도 없는 교육청 회의실에 신사복 저고리를 입고 앉아 있으려니 이마에는 저절로 땀이 흘러내렸다.

지금까지 분위기와는 다르게 진지한 태도로 준비한 시나리오를 읽어 내려가는데 조금 후에 발표될 등위에 신경을 쓰느라 발표가 제대로 되지 않았다.

10명의 발표가 끝나자 잠시 휴식이 있고 바로 등위를 발표하고 시상을 했다. 먼저 우수상이 발표되었다. 눈을 감고 빌었다. 우수상 수상자에 호명이 안 되게 해 달라고, 그래야 최우수상을 받게 되기 때문이다. 발표자들은 예심을 통과했기 때문에 장려상은 이미 따 놓은 것이라 최우수상과 우수상에 관심이 많았다. 드디어 우수상 3개 기관이 불렸는데 분명 우리학교는 부르지 않았다. 무척 다행이었다. 이제는 최우수상 아니면 장려상일 것이었다. 그런데 귀를 의심하는 발표를 들었다. 최우수상으로 불리어야 할 우리학교 이름 대신에 초등학교 이름이 불리고 말았다. 실망은 이루 말할 수 없었다. 그 뒤에 장려상을 받을 기관을 호명했지만 귀전에 들어오지 않았다.

고생하신 선생님들을 무슨 면목으로 볼 것인가. 정말 가슴이 답답했다. 거기다 학부형들도 오고 응원 나온 선생님들은 어떻게 대할 것인가. 장려상을 받으러 나오라고 몇 번을 반복해도 나는 나가지 않을 작정을 한 사람처럼 멍하니 자리에서 일어나지 못했다.

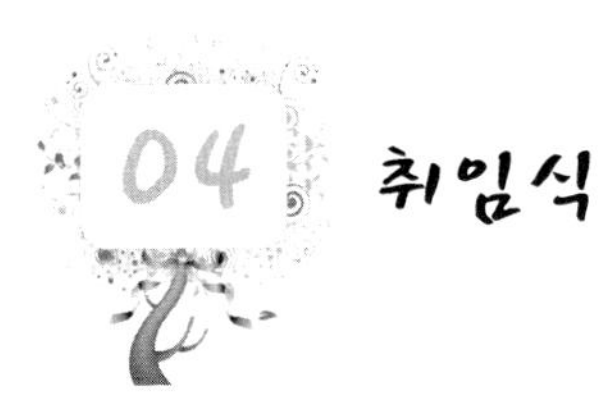

취임식

　일 년 전 이 학교에 올 때도 교장, 교감선생님이 같이 오셨는데 이번 인사에서도 같이 오셨다. 사전에 전화는 드렸지만 대면하기는 오늘이 처음이라 마음이 분주하다. 교무실에서 선생님께 부임인사를 하고 강당에서 학생들에게 인사를 하는 순서로 오늘 일정을 진행하기로 했다. 교감선생님은 내가 소개하고 교장선생님은 소개를 받은 교감선생님이 소개했다. 하는 일 없이 교무실과 교장실 그리고 강당을 오가다 보니 오늘 모처럼 입은 여름 신사복이 땀에 흥건하다. 저고리를 벗어 던지고 싶은 생각이 간절했지만 처음 대면하는 사람에 대한 예의가 아닌 것 같아 억지로 참느라 이마로 삐져나오는 땀은 주체할 길이 없었다. 교장선생님은 승진을 한 분으로 축하화분이 교장실을 가득 메웠다.

　우리학교는 분교가 하나 있다. 벽지학교 중에서도 '다' 급지인지라 모두 침을 흘리는 학교라 해마다 분교로 가는 사람들은 행운을 잡은 사람들이다. 나 같은 사람은 그저 구경으로 만족해야 하는 좋은 학교이다. 교장, 교감선생님께서 부임했으니 분교에 들르고 싶어 했다. 내 고물차로 모시기가 민망했지만 어쩔 수 없이 오후 시간에 모시게 되었다. 우리 학교에서 20㎞가 넘는 곳이고 길이 고불고불하여 빨리 달려야 30분은 족히 걸리는 곳에 있다.

분교에 도착하니 2년 전 나와 같이 근무하시던 여선생님이 교감으로 승진하여 부임해 있었다. 부임한다는 소식은 알고 왔지만 현관에 나오는 여자 교감선생님을 보니 오지 말았으면 좋았을 걸 하고 후회가 되었다. 나보다 젊은 분이 교감이 될 때까지 나는 무엇을 했던가? 흰머리를 앞세우고 교장, 교감선생님의 기사가 되어 현관에 들어서는 나를 얼마나 무능하고 한심하게 볼 것인가? 물론 그 여자 교감은 그렇지 않다 하더라도 자괴감이 드는 것은 어쩔 수 없는 일이었다.

분교 여자 교감선생님은 나를 보자 고개를 숙이며 "먼저 승진하여 죄송합니다."라고 인사를 했다. 과목별로 뽑는 승진 심사인데 후배라고, 나이 적다고 승진 못 하라는 법은 없으니 미안해할 필요까지는 없는데, 너무 겸손하여 그렇게 말을 하는 것 같았다. 같이 근무할 때도 선배인 나에 대한 예의가 깍듯하더니 교감으로 승진해서도 마찬가지였다. 열심히 하시는 분이었지만 이곳에서도 열심히 하는 모습이 역력했다. 교장선생님과 대화를 나누는 것을 보고 교장실을 나오면서 갈 곳이 없어 차에나 갈까 하다가 뒤뜰로 나가 서성거렸다. 기사가 갈 곳은 뒤뜰밖에 없지 않는가?

　분교 학구의 면장님, 우체국장님, 조합장님을 뵙게 하기 위하여 교장, 교감선생님을 모시고 내가 운전을 하고 분교 여자 교감선생님은 분교 선생님의 차를 타고 이동을 했다. 모두 기관장실을 방문하는데 기사인 내가 같이 들어갈 수는 없지 않는가?

　밖에서 기다리며 애꿎은 담배만 태웠다. 벽지를 못 가서 승진을 못 한 것인데 왜 이렇게 억울한 생각이 드는 것일까?

　교장, 교감선생님을 모시는 오늘 하루도 아무 탈 없이 보냈으니 감사해야 할 일이지만 가슴 한가운데가 먹먹해 오는 것은 무슨 까닭일까?

05 태풍 불던 날

안평에 비가 오면 단비가 온다. 하늘만 쳐다보며 농사를 짓는 이곳 사람들은 언제나 목말라 있다. 작은 개울은 비가 올 때뿐, 흐르지 못하고 갇히었다가 땅으로 스며들어 흐르는 물을 보기 어렵다. 사람들은 물을 가두기 바쁘고 물은 땅으로 스며들기 바쁘다. 여름철 비가 오다가도 "안평이구나!" 하고 피해 간다는 학부형들의 가슴 아픈 말이 얼마나 비를 기다리는지 대변하고 있다.

안평의 개울은 건천이다. 장마가 지면 황토물이 흐르다가 비가 그치고 나면 땅으로 스며들기 때문에 언제나 목말라 있다.

지난 7월이었다. 전국이 태풍의 물결로 홍수가 져서 연일 난리법석을 했다. 산사태가 나고 집이 떠내려가고 인명사고가 나고……

안평에도 며칠 전부터 비가 오더니 우리학교 운동장에도 물이 가득 고였다. 학교 옆 개울이 황톳물로 흘러넘치고 있었다. 수업을 마치고 교무실에 모인 선생님들은 단축수업을 해야 하는 것 아니냐며 걱정을 했다. 교실에 들어가 학생들에게 하교 시 물이 넘칠 만한 지역을 점검해 보고 면사무소에 문의하기로 하고 일단 수업에 들어갔다. 학생들과 상담을 하고 오시는 선생님들의 말씀은 한결같이 물이 넘쳐 위험한 학구가 없다는 것이었다. 전국이 태풍과 홍수로 위험한데 무슨 말이냐며 면사무소에 문의했더니 아직은 별 탈 없으니 걱정 말라고 했다.

7교시를 마치자 개울물은 더욱 붉어져 도로까지 넘치기 일보직전이었다. 학생들이 몇 명 되지 않으니 조금 먼 곳의 학생은 선생님들이 자가용으로 하교를 시키기로 했다. 내가 간 곳은 하령리로 물이 가득한 도로를 질주하니 차 앞 범퍼로 물길이 솟아올랐다. 동승한 철영이는 물이 솟아오르자 신이 나서 소리를 질렀다. 철영이는 태어나서 처음으로 개울이 넘치려는 것을 보았다며 신기해했다. 학생을 안전하게 하교시키고 교무실에 오니 선생님들은 각자 맡은 구역으로 무사히 다녀왔다. 이번에는 선생님들 퇴근이 걱정이 되었다. 수십 년 만에 도로를 넘쳐흐르는 물을 안평사람들은 우산도 쓰지 않고 오랜만에 물구경을 하기 위해 개울가로 모였다.

06 밤낚시

근무시간을 초조히 기다렸다. 3시 반에 교장선생님이 나가면서 퇴근시간이 되면 오라고 했기 때문이다.

4시 30분이 되자 자동차에 시동을 걸었다. 그 전에 식당에 연락하여 5명분의 식사를 준비하여 들고 갈 수 있도록 해 주었으면 좋겠다고 주문했다. 학교아저씨와 나는 교문을 나서면서 '나는 낚시터를 모르니 앞서서 가라'고 했다. 잠시 식당에 들렀다. 국 한 냄비와 밥 다섯 공기, 반찬과 물 그리고 컵과 수저를 사과상자에 담아서 차에 싣기 위하여 들어 보니 겨우 들 정도였다.

아스팔트길을 벗어나 시멘트 포장을 한참 가니 비포장도로가 나왔다. 의성은 저수지가 많아 아무 생각 없이 산골짜기를 들어가도 크고 작은 저수지를 만날 수 있다. 농가가 몇 집 보이는가 싶으면 저수지가 있었다. 작은 동네 몇 개를 돌아 산속으로 들어가니 원시림에 싸인 저수지가 나왔다. 한눈에 내려다보니 원시림 속에는 분명 월척 붕어가 웅크리고 있을 법했다. 교장선생님은 며칠 전에도 밤낚시를 해서 월척 몇 수를 했노라 입가에 미소를 띠며 자랑을 했었다. 오늘 밤낚시도 그 자랑이 시발점이 되었다. 며칠 전부터 같이 가자고 했더니 학교아저씨도 박수를 치며 기꺼이 함께하겠노라 했다. 또 다른 선생님 두 분도 일이 있어 조금 늦더라도 함께하겠다고 했다.

차를 세우고 낚시터에 내려가니 수초가 보이는 조용한 수면 위에 다섯 개의 찌가 일 열로 정리되어 있었다. 아직 걸려든 놈은 없지만 밑밥을 넣었으니 이제부터 시작이라며 교장선생님은 입맛을 다시며 눈은 찌에 가 있었다. 나와 학교아저씨는 적당한 자리를 물색했다. 원시림 속을 헤치고 들어가니 누가 자리를 닦아 놓았는지 두 사람 정도는 앉을 수 있는 자리가 있었다. 나는 욕심이 생겨 넓은 자리 중앙에 낚싯대를 펼쳤다. 내 옆자리에 학교아저씨가 비집고 들어왔다.

날은 점점 어두워졌다. 어둡기 전에 야광찌를 달아야 했다. 야광찌를 달고 줄을 잡고 던지는데 아직 야광찌를 달지 않은 낚시에서 신호가 왔다. 너무 반가워 낚아채었더니 눈만 달린 붕어였다. 이제 붕어 얼굴을 봤으니 큰 놈도 나올 것이라 기대를 했다. 학교아저씨는 욕심을 내는지 크다 싶을 정도의 떡밥을 낚시에 달아 바위 밑 깊은 곳으로 낚시를 밀어 넣었다.

어둠은 생각보다 빨리 왔다. 차 옆으로 가니 교장선생님은 라면을 끓이기 위해 버너에 불을 붙이고 있었다. 손전등을 꺼내면서 내가 가지고 온 저녁밥을 펴 놓은 자리 위에 내려놓으니 교장선생님은 눈이 둥그레졌다. 사과박스에서 찌개와 밥이 나오는 것을 신기한 듯이 바라보았다. 전혀 예상치 못했던 진수성찬이었기 때문이다.

저수지, 산, 들이 어둠에 묻히고 나니 작은 장소가 더욱 아늑하게 느껴져 평소에 나누지 못했던 말들이 오고 갔다. 좀처럼 가까워지지 않을 것 같던 사람들도 둘만 아는 일을 했을 때 정이 든다는 말이 새삼 떠올랐다.

조금 있으니 뒤에 온다던 두 사람에게서 연락이 왔다. 거의 다 왔다는 것이다. 그들은 돼지 족발과 술을 준비해 왔다. 인가도 없는 깊은 산골짜기 외딴 저수지에 다섯 사람을 위한 파티가 벌어지고 있었다. 언덕 밑 낚시에는 지금 대어가 물었는지 찌가 떠다니다가 자취를 감추었는데도 누구 하나 낚싯대를 잡을 생각도 하지 않았다. 호젓한 분위기에 어울리는 남폿불이 가물거리도록 때로는 정색을 하며 때로는 웃음을 흘리며 평소 교무실에서는 엄두도 못 낼 말들을 쉽게 했다.

근무성적

교사들은 1년에 한 번 근무성적을 평가받는다. 승진이 가까워 오면 근무성적을 잘 받아야 하고 그러기 위해서는 더욱 열심히 근무해야 한다.

승진 서류를 가지고 급하게 교육청으로 출장을 가던 교감선생님이 내 핸드폰으로 전화를 걸어 왔다. 지난해 서류에 쓰인 점수와 금년에 쓰인 점수가 금년 부가점을 빼면 같은데 무슨 일이냐는 것이 요점이었다. 순간 머리가 띵하게 아파 왔다. 그 말은 지난해 근무성적은 2등과 1등이고 금년의 근무성적은 1등과 1등인데 어째서 점수가 같으냐는 것이다. 지난해 점수보다 금년점수가 근무성적 점수 향상만큼 올라야 되는 것이 이치이고, 그래야 승진이 되는 일이라 교감선생님은 나를 생각해서 급하게 출장을 가다가 전화를 한 것이다.

지난해 제출한 서류 중에 보관되어 있던 것을 꺼내 보면서 이번에 제출한 것과 다른 것이 아닐까 생각했다. 그러나 내 생각은 다른 곳에 있었다. 지난해 근평이 2등이라는 것에 고정되어 있었다. 분명히 그때 교장선생님은 나에게 귓

속말로 1등이라고 했었고 나도 그렇게 믿었다. 1등을 하기 위해서 얼마나 노력을 했던가? 그런데 2등이라니 배신감에 몸을 떨어야 했다. 그것도 여러 경로를 통해 알아보았는데 그 경로가 모두 거짓이었다니 천 길 물속은 알아도 한 길 사람의 속은 알 수 없다는 말이 실감이 났다. 그 당시 교 감선생님은 또 어떠했나? 그분 때문에 만년 2등을 하다가 그가 교감이 되어 다른 학교에 갔다가 또 왔는데, 나를 2 등을 주다니 무슨 운명의 장난인지 알 수가 없었다. 그렇다 면 나처럼 열심히 하던 사람도 있었는데 그는 2등도 못 했 단 말인가? 분명 내가 1등이고 그가 2등이어야 누가 보아 도 객관적이라 할 수 있는 일인데 정말 알다가도 모를 일 이다. 내 근평을 도둑질한 사람이 누구일까 아무리 생각해 도 그럴 사람은 없었다.

근무성적 1등을 받지 못해 나는 그동안 여러 번 승진 내 신을 내었는데 승진이 되지 않았다. 그저 점수가 적어서, 운이 없어서 안 되는 줄만 알았다. 그런데 원인이 근무성적 이었다니 정말 답답했다.

승진 서류를 제출하고 학교로 오신 교감선생님은 자기가 잘못 계산하였노라고 하면서 겸연쩍은 표정을 지었다. 내가 다시 계산을 해도 분명 지난해는 2등과 1등이었고 금년은 1등과 1등이었다. 승진을 위한 근무성적은 2년을 합산하기 때문이다.

잠시 동안 그 당시 동료를 의심했던 내가 너무 부끄러웠다. 도둑질한 사람보다 도둑맞은 사람이 나쁘다는 말이 불현듯 떠올랐다.

2007 년도

교원에 한이 맺혔나 보다

인사이동이 있는 2월, 학년 말 휴가를 하자 인사이동이 단행되었다. 떠나는 사람과 남아 있는 사람이 어수선하게 책상을 정리했다. 떠나는 사람은 새로운 학교에 가기 위해 짐을 싸고 남은 사람은 다음 학기를 준비하느라 서류를 정리하는 것이다. 공무원은 발령장 한 장에 울고 웃는다. 발령장을 받고 나면 지금까지 수년간 정이 들었던 학교와 학생 그리고 동료도 뒤로하고 떠나야 한다. 심하면 전 가족이 이주해야 하는 일도 생긴다.

올해도 어김없이 인사이동은 이루어졌고 가는 아쉬움과 보내는 서운함으로 학년 말 휴가를 하는 날이 뒤죽박죽이었다.

가는 사람은 그렇게 보내고 오는 사람들과 이제는 한솥밥을 먹으며 학생들을 위하여 울고 웃어야 하는 것이다. 그러기 위해서는 사무분장도 해야 하고 담임도 정해야 한다. 새로 오는 사람과 남아 있는 사람이 새로운 새 학년을 맞이하려는 준비를 해야 한다. 모두가 만족해하는 업무분장이 이루어지도록 해야 하기 때문이다. 날짜를 22일로 정하였다.

이날은 새로 부임하는 선생님들을 맞이하는 날이기도 했다.

정해진 날, 새로 부임하는 선생님들은 발령장을 들고 새색시 시집오듯 산 설고 물 선 학교의 현관에 들어섰다. 아침 일찍부터 오는 사람도 있고 늦게 오는 사람들도 있는데, 특히 신임교사들은 발령장을 받고 신임교사 오리엔테이션까지 하고 와야 하기 때문에 가장 늦게 도착한다. 안 그래도 신임이라 정신이 없는데 모두가 모여 있는 교무실에 들어선다는 것은 정말 어려운 일이라 할 수 있다.

새로운 선생님들이 올 때마다 발령장을 받고 서로 소개를 하며 신학년도에 무슨 사무를 희망하는지 희망서를 받는다. 그런데 이상한 일이 발생한 것이다.

현관에 2명의 여선생님이 들어오고 있었다. 한 분만 오시면 발령받은 사람은 다 오는데 2명이 똑같이 1호 봉투를 들고 각자 차에서 내려 현관으로 들어오는 것이 아닌가. 한 분은 미술 선생님으로 공문상에 발령이 났음으로 알겠으나 한 분은 도저히 이해가 되지 않았다. 미술 선생님부터 교무실로 안내하고 조금 뒤에 따라오는 분께 여쭈어 보았다.

"무슨 과목입니까?"

"보건과목인데요."

"우리 학교는 소규모 학교라 보건교사가 없습니다."

"발령장을 보여 주시지요."

작은 안경을 쓰고 계절에 맞는 정장을 한 그 여자분은

가늘게 눈을 뜨더니 공손하게 말을 이어 갔다.

"교육청에 가서 발령장을 달라고 했는데 발령장이 없다고 하여 도교육청에 갔는데 거기도 없다고 합니다. 그래서 그냥 왔습니다."

이야기를 듣고 또 새겨 보아도 이해가 되지 않았다. 겉모습으로 봐서는 선생님이 분명한데 정원에도 없는 보건교사라니 내 30년 교직 생활로는 이해가 되지 않았다. 교무실 소파로 안내하여 앉혔다. 다소곳이 앉아서 하는 말이 더욱 나를 놀라게 했다. 교감으로 발령을 받았다는 것이다. 그러면서 교장실로 가겠다며 일어섰다. 발령장을 받아서 오기 전에는 교장실로 갈 수 없다고 하자 얼굴을 찡그리며 나를 한참 보더니 바로 일어서서 교무실 문을 나가 버렸다. 잠시 후 교장선생님이 인터폰으로 불렀다. 교장실에 가 보니 조금 전 그분이 다소곳이 앉아서 교장선생님을 설득하고 있었다. 한참 이야기를 들어도 논리적이기는 하나 이상하다는 느낌은 떨칠 수가 없었다. 다시 교무실로 와서 새로 부임하시는 선생님들과 업무를 상의하는 회의를 마쳤는데 정보부장이 한마디 했다. 저 여자분 지난해는 이웃학교에 거의 3개월간 출근을 했는데 경찰이 오고 학부형이 오고 난리를 피웠다고 했다. 그제야 '정상인이 아니구나! 잘못되어도 크게 잘못되었구나!' 하고 교장실로 가니 교장선생님은 나를 보자 구세주를 만난 듯 얼굴에 화기를 가득 담고

구원을 요청했다. 나는 귓속말로 대강 들은 이야기를 했다. 그제야 웃으며 적당히 보내라고 했다.

그녀는 교장실에 앉아 있다가 교무실로 와서 선생님들이 하는 일을 일일이 수첩을 들고 다니며 간섭하기 시작했다. 도대체 일을 할 수가 없을 정도였다. 보다 못해 행정실장이 파출소에 연락을 했다. 그러자 건장한 순경 두 분이 즉시 달려왔다. 순경들은 전후 사정을 듣더니 공무방해죄라며 파출소로 갈 것을 권유했다. 그 여자는 순경들에게 대들면서 너들이 뭘 아느냐고 도리어 큰 소리로 따지기 시작했다. 그러다 순경이 다시 나가자고 하자 물건을 찾는 시늉을 하며 대들었다. 급기야 순경들은 양팔을 한 명씩 잡고 현관을 나가려고 했다. 그 여자는 나가지 않으려고 발버둥을 쳤으나 말 그대로 질질 끌려서 경찰차에 태워졌다. 정말 안타까웠다. 정신이 이상하다고는 도저히 믿기지 않는 여자가 저렇게 끌려가다니 저 사람이 진짜 교사라면, 얼마나 선생님이 되고 싶었으면, 너무 측은했다.

그녀가 끌려가고 순경들이 그의 차와 가방을 가져가고, 어수선한 분위기가 가라앉으려 하는데 이상한 전화라며 나에게 바꾸어 주었다.

"저 아까 학교에 갔던 교감인데요. 3월 2일은 8시까지 시간 늦지 않도록 출근할게요."

3월 2일이 새 학기 업무 시작하는 날이라는 것을 아는 사람이 발령장도 없이 보건교사로 부임한다고 하다가 교감으로 부임한다고, 시간 늦지 않게 출근한다니 정말 황당하여 말이 나오지 않았다. 그러나 들은 바가 있어서 진짜 오면 어떻게 하나, 설마 오겠나, 모두 웃어 버렸다.

3월 2일이 되었다. 시업식을 하느라 분주했다. 업무별 사무를 인계하고 책상을 바꾸고 교무실은 한바탕 야단법석을 떨었다. 그런데 10시가 가까워 오는데 작은 차가 멈추더니 그 여자가 교무실로 들어왔다. 태연히 인사를 하며 빈자리를 찾아 앉는 것이 아닌가. 윗도리를 벗어 의자 뒤에 걸고, 가지고 온 가방을 책상 위에 놓았다. 수첩을 꺼내 가지런히 놓고, 손수건은 볼펜과 함께 놓았다. 한참 후 자리에서 일어나더니 또 돌아다니기 시작했다. 컴퓨터를 옮기느라 전선이 엉키고 먼지투성이가 된 교무실을 헤집고 다니며 간섭을 하기 시작했다. 그러더니 교장실로 갔는지 한참 보이지 않았다. 교장실에 볼일이 있어서 가니 또 교장선생님을 괴롭히기 시작했다. 발령장을 받기 위해 교육청에 다녀오느라 늦었다며 정중히 고개를 숙이더라고 했다. 이제는 할 수 없다 싶어 행정실장이 또 파출소에 신고를 했다. 경찰이 오고 연행을 하려고 하자 쓰레기통을 힘껏 들어 책상 위에 내리쳤다. 쓰레기통은 박살이 나서 나동그라졌다. 그리고 소리를 지르며 안 가겠다고 버티었다. 순경들이 억지로 파출소로 데려갔다. 참 딱한 일이다. 무슨 사연이 있어서, 선생님을 하지 못해 한이 맺혔는지 정말 궁금했다.

다음 날 그 여자는 또 정상 출근을 했다. 소리를 지르며 우격다짐을 하는 분도 있고, 못 본 체하는 분도 있고, 빨리 파출소에 신고하라는 분도 있었다. 나는 방관하라고 했다. 그러다 지치면 오지 않을 것이라 했다. 그런데 그녀가 그 다음 날도 그 다음 날도 또 왔다. 나는 그의 말을 모두 인정하기로 하고 대화를 진지하게 해 보려고 시도했다. 반시간 이상 대화를 하니 모두 맞는 말만 했다. 그런데 발령장 말이 나오자 태연하게 교육청이 문제라는 괴변을 늘어놓기 시작했다.

그는 대구의 유명한 고등학교를 졸업하고 뜻한 바 있어 간호학과에 들어가 열심히 공부하여 졸업 후에는 간호사 생활도 십 년 가까이했다고 했다. 교사가 되고 싶어 공부를 했다는 말도 했다. 집도 부유했으며 형제자매들도 모두 회사원과 공무원으로 각지에 흩어져 생활을 하고 있다고 했다. 집도 어디라며 전화번호도 가르쳐 주었는데, 모두가 맞는 말로 정상이었다.

그 후에도 매일 학교에 와서 행패를 부렸다. 파출소에서는 가족을 만나야겠다고 했다. 학교에서도 그녀의 집을 방문할 계획을 세우고 있었는데 오늘까지 이틀째 오지 않았다. 선생님들은 안 오니까 보고 싶은지 은근히 기다리며 즐기는 사람도 있었는데 측은해하는 사람이 대다수였다.

(향토사랑방 [안동]지 2007. 6. 게재)

교감 직무대리를 하며

　금년에도 2월 인사발령은 예정대로 단행되었다. 내신을 낸 세 분 중 두 분은 희망대로 전근이 되었으나 한 분은 점수가 모자라 가지 못했다. 전입 오시는 분들을 파악하고 사무분장과 수업시간표를 작성하는 등 2월의 분주한 학년 말 휴가를 보낼 준비를 했다.

　수업을 마치고 교무실에 오니 교감선생님이 전화통에 매달려 있었다. 옆에 사람이 가도 모르고 이상한 내용으로 누군가와 통화를 하고 있었다. 그러다 수화기를 놓더니 맥 풀린 인상으로 나를 올려다보았다. 무슨 영문인지 몰라 하는데 교감선생님은 잠깐 교장실로 가자고 했다. 소파에 앉자마자 "전근가게 되었습니다." 교장, 교감은 별도의 내신서가 없다. 수요조사를 하면서 희망지를 묻는 공문이 있는데 그 공문이 내신서가 되는 셈이었다. 언제 전근을 갈지 모르고 있다가 도교육청 전체 사정에 의하여 전근이 되는 것 같았다. 그렇다고 희망도 하지 않았는데 보내는 것은 아니다. 희망을 들어주는 것이 원칙이나 어쩔 수 없는 상황이 되면 어디든지 가야 하는 것이 교장, 교감이다. 이런 점에서 보면 교사들보다 인사에서는 자유로움이 조금은 덜한 편이다.

"금년에 13개 학교가 교감이 없어진다는데 우리학교가 대상이 되었답니다." 교감선생님은 새 학년에 시작할 일들을 의욕 차게 계획을 세웠는데, 갈 사람 다 보내고 새 판을 짜자고 약속을 했는데, 이제 와서 본인이 가 버리다니 정말 황당하다는 표현은 이럴 때 쓰는 말인 것 같다. 지역 교육청과 도교육청에 수없이 전화를 해도 대답은 한 가지 뿐이었다.

"교감을 감축하는 원칙은 학생 수가 적은 학교부터입니다."

우리 학교가 경북 전역의 13개 학교에 들 만큼 학생 수가 적은 것은 분명했다. 전교생이 30명이니 어쩔 수 없는 상황이었다.

하루 아침에 교감이 없는 학교가 되다 보니 교무부장이 교감 직무대리를 해야 할 형편이었다. 당장 결재난에 [代]를 쓰고 결재를 해야 할 상황이 된 것이다. 교감이 되려고 얼마나 노력했던가? 아무리 직무대리지만 교감이라는데 기분이 묘했다. 교장선생님은 사무분장에 '교사 근태관리 및 시정관리'를 내 사무 분장에 넣으라고 했다. 직원회의 석상에서, 입학식에서 교감 직무대리라고 소개를 해 주었다. 학생들은 나를 보고 교감선생님이라고 부르기 시작했다.

공문을 분류하고 결재를 하면서 내 위치는 참으로 이상

하다는 것을 느끼게 되었다. 나는 사실 교무부장도 아니다. 부장경력이 7년을 넘고 보니 또 부장을 한다는 것도 후배들에게 미안한 일이었다. 부장 경력이 엄연히 승진 점수에 들어가고 보니 부장 점수가 넘치는 나만 계속할 수가 없어서 후배인 교무기획에게 부장을 하도록 했기 때문이다. 학교 사무분장은 내가 교무부장이고 교육청에 보고는 교무기획이 교무부장인 것이다.

금년 우리 학교는 50여 년 개교 이래 처음으로 도지정 인성시범학교로 지정도 받았는데 당장 시범학교 업무를 볼 사람이 없었다. 내가 그 업무를 자처하고 보니 교무부장까지 한다면 더욱 안 될 일이었다.

지역 교육청에서 발급하는 관리직 수첩에도 내 이름이 교감란에 쓰여 있었다. 비록 부장으로 고쳐 쓰긴 했으나 나도 관리직 명단에 명함을 내밀게 된 것이다.

직원회의를 하고 학교행사를 하면서 복에도 없는 교감 직무대리를 충실히 이행한답시고 이리 뛰고 저리 뛰다 생각하니 다른 선생님들이 어떻게 생각할까? 웃음거리는 되지 않을까? 무척 염려되었으나 학교장의 명령을 받고 하는 일이니 어쩔 수 없이 충실히 이행할 뿐이다.

신발장을 중앙현관으로

　우리학교의 분교인 신평중학교가 불행하게도 폐교가 되었다. 쓸 만한 물건을 골라 수리하여 쓰고 못 쓰는 것은 고물로 가는 것이 폐교의 서글픔이다. 이삿짐이 들어오는 날 전 직원이 봄방학이지만 출근을 했다. 운동장 가득 이삿짐 트럭이 줄을 서고 각 실에 들어갈 짐을 옮기느라 분주했다.

　과학실, 도서실, 상담실, 음악실, 미술실, 가사실, 교무실, 행정실에 새로운 물건을 받느라 분주했다. 아침에 시작한 이삿짐은 오후 늦게야 그 끝을 보였다. 두 학교가 한 학교로 합쳐지는 일이니 작은 학교가 더 작아지는 느낌이었다. 어디를 가도 물건이 넘쳐났다. 버리기는 아깝고 보관하려니 공간이 부족하고 많은 고민에 빠졌다. 국민의 세금으로 산 물건들이라 한 개라도 소홀히 취급할 수 없었다.

　짐을 정리하고 쉬려는데 현관에 덩그런 가구가 하나 버티고 서 있었다. 몸집도 작지는 않았으나 다른 짐으로 인하여 존재를 미처 알지 못했다. 학교마다 현관에 교직원용 신발장이 있는데 바로 그 신발장이다. 우리학교에 이미 신발장이 있으니 두 개는 정말 필요 없었다. 그래도 버리기는 너무 아까운 물건이라 사람들을 시켜 기존에 있던 신발장 옆으로 억지로 밀어 넣고 퇴근을 했다.

다음 날도 그 다음 날도 신발장은 그 큰 엉덩이를 삐죽이 내밀며 줄기차게 현관에 버티고 있었다.

학생들의 신발장은 각 교실 복도에 있다. 학생 수가 몇 명 안 되다 보니 신발이 들어 있는지조차도 모를 지경이지만 그래도 가지런히 정리되어 있는 것을 보니 어느 시인이 말한 정다운 가족의 신발을 보는 것 같아 무척 귀여운 면도 있다.

몇 년 전 어느 선생님의 아이디어로 학생들의 신발을 큰 신발장에 모아서 함께 관리했는데 실패를 했다고 한다. 동쪽 계단 밑을 이용하여 신발장을 만들었는데, 새 신발이 없어지기 시작하고 신발에 장난을 하는 학생들이 있었기 때문이라고 했다. 동쪽 계단은 교사들의 눈이 덜 가는 외진 곳이다. 또 학생들은 중앙현관으로 출입하지 못하게 하는 일 때문에 그렇게 배치를 했는데 그것이 실패가 되고 신발장만 시간에 묻혀 보기 흉하게 되어 큰 자리를 차지하고 있을 뿐이었다.

새 신발장이 중앙 현관에 자리한 지도 며칠이 지났다. 이제는 그 물건이 거기에 있어야 되는 것으로, 없으면 허전하기까지 한, 눈에 익은 것은 아니지만 보기 싫다고 하지는 않게 되었다. 그러다 학생들이 체육을 하고 중앙현관으로 들어오면서 실내화와 운동화를 바꾸어 신으면서 그 신발장 위에 한두 학생이 신을 올려놓는 것이 보이기 시작했다. 비가 오는 날 신발을 신고 교실 복도 신발장까지 가면서 현관을 엉망으로 만들어 버린 일이 발생했다.

생각을 바꾸면 세상이 다르게 보인다고 했던가. 학생은 왜 중앙현관으로 다니면 안 되는 것인가? 학생의 신발장은 교실에 있고 교원의 신발장은 현관에 있어야 하는가? 학생들을 중앙현관으로 출입하지 못하게 하는 것은 구시대의 발상이다. 시끄러운 것 더러워지는 것 이것이 이유 중의 하나이다. 몇 명 안 되는 학생들을 중앙현관으로 출입하게 하면 될 것이다.

그 신발장에 학생의 이름을 붙였다. 전교생 32명에게 딱 맞았다. 교원의 신발장과 나란히 있어 신발장 관리도 쉽게 되었다.

중앙 현관에 교원과 학생의 신발장이 나란히 있고 그 신발장을 이용하는 사람들은 한집 식구이니 더 정이 오고 가는 것 같다.

선생! 선생님

선생(先生)을 사전에서 찾아보면 교사의 존칭, 학예가 뛰어난 사람의 존칭, 어떤 부문에서 경험이 많거나 잘 아는 사람, 남의 경칭(성이나 직함 등의 뒤에 씀)이라고 되어 있다. 선생님은 선생의 존칭이며 선생질은 학교에서 글을 가르치는 일을 낮잡아 이르는 말이라고 되어 있다.

요즘 일선 학교에서는 선생의 호칭에 혼동을 겪고 있다. 행정실에 근무하시는 분들을 ○○주사님이라고 부르던 것을 상부기관에서 '선생님'이라고 호칭하라는 공문이 내려왔기 때문이다. 학생들이 무척 곤란한 모양이다. 또 선생님들도 곤란한 모양이다. 다른 직장에서는 어떤지 몰라도 학교에서는 교사를 선생님으로 호칭하는 것을 당연시해 왔기 때문이다. 또 '선생님＝교사'라는 공식이 고정관념으로 되어 있는 실정이다.

교사(敎師)를 사전에서 찾아보면 학예, 기예를 가르치는 스승, 초등학교, 중학교, 고등학교 및 특수학교에서 소정의 자격을 가지고, 학생을 가르치는 사람이 선생으로 되어 있다. 이렇게 놓고 보면 선생님은 호칭이고 교사는 직업이라고 볼 수 있는데 그것을 고정관념으로 혼동을 한 것이 아닌가 싶다.

어떤 분은 교사를 선생님이라 하지 않고 (학교에서는 당연하지만) 교사분이라고 부르는 경우가 있는데 무척 생소하게 들리는 것도 고정관념 때문이 아닌가 싶다.

어떻든 선생! 선생님! 선생놈, 교사분, 교사 등이 쓰이고 있는 것은 사실이고 교원들의 전유물로 되어 있는 선생이 일반인에게 쓰여도 아무런 지장이 없는데도, 교사의 입장에서 보면 교사가 아닌 분들을 선생님이라 하는 것을 들으면 어쩐지 어색하고 심지어 불쾌하다.

사람이 죽고 비석을 하게 되면 제자가 있는 사람은 선생이라고 쓰는 경우가 있다. 선생이라고 쓰려면 제자의 이름이 비석에 있어야 한다.

지금은 선생이 일반화되었다. 상대를 부르는 호칭이 마땅하지 않으면 그냥 선생이라고 부르기도 한다.

꼬맹이와 커피

어쩌다 생각이 겹쳐 깜짝 놀라는 때가 있다. 1학년 교실에 들어가 학생들을 둘러보다가 몇 번인가 생각이 났다. 황순원의 소설 '학'에 나오는 꼬맹이가, 김유정의 소설 '동백꽃'에 나오는 점순이가 떠오른 것이다. 내가 희주를 보고 있노라면, 되바라지긴 해도 순박한 점순이와, 덕재의 아내가 된 꼬맹이, 작은 키에 가슴이 유난히 크고 햇볕에 그을린 검은 피부를 가진 그 꼬맹이와 너무 흡사한 이미지이다.

희주를 처음 보자 그래 그 소녀야 하다가 나도 놀라는 일이 자주 일어났다. 희주는 혁민이의 동생이다. 혁민이는 체격이 좋고 머리가 크다. 언제나 믿음직한 행동은 누가 보아도 신임이 가는 외모이다. 거기다 공부도 부지런히 하는 성실한 학생이다. 희주를 구체적으로 소설의 주인공과 대면을 시킨 것은 오늘 국어시간이었다.

항상 앞에 앉아 있어 교실에 들어가면 첫눈에 띄는 아이인데 오늘도 전과 다름없이 나를 보자 헤죽헤죽 웃고 있었다. 등교 때 보면 간혹 오빠인 혁민이의 자전거 뒤에 타기도 하지만 혼자 걸어서 등교하는 것을 자주 본다. 희주를 뒤에서 보면 작은 키에 어울리지 않게 펑퍼짐한 엉덩이에 긴 머리이다.

책을 펴고 있는 희주를 보고 "좋은 별명이 떠오르는데 지어 줄까?" 했더니 싫다고 했다. 나는 '다음에 후회할 것'이라 했더니 뒤에 앉아 있던 학생들이 '지어 보라'고 졸랐다. 그러자 희주도 "지어 주세요." 한다. 나는 '꼬맹이'라고 했는데 무슨 뜻인지 모르는지 아니면 별개 아니라고 생각했는지 무표정했다. 나는 꼬맹이란 말에 대해 설명해 주어야겠다는 생각에, 꼬맹이는 참 예쁜 별명이며, 순박한 시골 아가씨를 아름답게 부르는 이름이라고 했더니 엷은 미소를 보이다가 아무 일 없었다는 듯 책을 펴고 얌전히 앉아 있었다.

점심시간에 되었다. 교무실에는 선생님들만 이용하는 커피포트가 있다. 점심식사를 하고 부지런한 선생님이 교직원 수만큼 1회용 잔에 커피를 따르고 있었다. 어디서 나타났는지 꼬맹이 희주가 오더니 커피 한 잔만 달라고 조르고 있었다. 그 광경을 보고 있던 나는 꼬맹이는 커피를 먹으면 안 된다고 했는데도 계속 조르고 있었다. 선생님들은 모두 한두 마디씩 거들었는데, 커피를 따르던 선생님이 마침 한 잔이 남아서인지 꼬맹이에게 건네주었다. 평소 같으면 교무실에 얼씬도 하지 않던 아이였는데, 오늘 따라 커피를 달라고 조르는 모습이 너무나 신선했다. 교무실에 학생들이 자

유롭게 출입하는 것은 이제 이 작은 시골 학교에서는 일상
이 되어 버렸는데, 아직까지 커피를 달라고 조르는 학생은
없었다. 커피를 달라고 조르는 희주의 모습을 보니 어쩌면
너무 순진한 것도 같고 어쩌면 되바라진 것 같기도 하여
정말 알맞은 별명 '꼬맹이'라고 지어 주기를 잘했다는 생각
이 들었다.

희주는 꼬맹이라는 별명을 얻고 나와 무척 친해졌다고
생각했는지 아니면 정말 친해지려고 작정을 했는지 그 후
에도 교무실에 자주 올 뿐만 아니라 수업 시간에도 열심히
듣고 열심히 적었다.

06 친목회장

　친목회가 조직되고 회장을 선출하는 일은 학년 초 교무실 행사 중 큰 행사이다. 지난해 친목회장은 정년을 일 년 앞둔 분을 사전에 로비를 하여 추대했다. 그 이유는 호칭이 마땅한 것이 없어서였다. 친목회장은 얼굴만 내밀고 총무와 후배들이 모두 한다는 조건이었다. 무슨 선생 하는 것은 누구에게나 부르는 호칭이지만 '회장님'은 색다른 명칭이라고 판단했기 때문이다. 그러다 금년에도 또 추대할 수 없어 젊고 유능한 분을 선출하기로 하고 지난해 회장님은 그대로 회장님으로 부르기로 했다.

　새로 선출된 분은 매사가 적극적인 정보부장인데 교직원의 복지를 위해서라면 무엇이나 물불 가리지 않고 앞장서서 일을 했다. 아침이면 떡이나 빵 등을 가지고 와서 아침 식사가 부실한 분들을 위해 제공했다. 친목회장의 모범적인 행동을 보고 다른 분들도 그냥 얻어만 먹을 수 없어 돌려가면서 떡과 과일, 빵 등을 가지고 온다. 어떤 때는 두 사람이 동시에 준비를 하는 바람에 오후까지 먹고도 남아 학생들에게 주는 일이 생기기도 한다. 아침에는 차를 한 잔하고 아침 일과를 시작하고 그러다 아침 자습시간이 끝나면 교무실에 모여 간식을 즐기는 것이 일과가 되어 버렸다. 친목회장이 빈손으로 교무실에 들어오면 어쩐지 허전해져서 누군가 시장에 나가 간식을 준비하기도 한다.

친목회 행사도 비용을 줄이기 위해 음식을 준비하여 겨울에는 가사실에서, 여름에는 뒤뜰에서 손수 안주를 버무리고 채소와 고기를 썰어서 회식 준비를 한다.

어느 학교나 다 그런 것은 아니지만 학교에서 간단한 음식자리가 끝나면 뒤처리가 매끄럽지 못해 난감한 경우가 더러 있다. 음식을 먹고 한두 사람이 볼일을 핑계로 급하다며 떠나고 나면 마지막 남은 사람이 뒤처리를 해야 하는데, 그것도 한두 번이지 투덜대다가 그냥 두고 가 버리는 경우가 있다. 그 다음 날은 음식자리가 그대로 있어 일과를 시작할 수가 없다. 누가 하겠지 하고 서로 떠밀다가 결국은 학생들을 동원하기도 하는데, 이제는 시대가 바뀌어 학생들에게 음식 뒤처리나 시키는 학교는 거의 없다. 그러다 보니 나이 많은 남자 선생님들이 하는 경우가 있는데 정말 보기에 흉한 일이다.

우리학교는 그런 일은 거의 없다. 처음에는 어느 학교처럼 음식자리가 그냥 있었는데, 신임 교감선생님이 팔을 걷어붙이고 뒤처리를 한 것이다. 교감선생님이 솔선수범해서 하자 모두가 함께 뒤처리를 했다. 이제는 먼저 자리를 뜨는

사람도 거의 없게 되었다. 너나 할 것 없이 음식을 나르고
정리하고 그러는 과정이 친목이라는 중요한 진리를 배우게
되었다.

07 즐거운 데이트

"읍내 입구까지만 태워 줘요. 부탁할 사람은 부장님밖에 없어요."

"도리원에 내려놓을 겁니다."

평소 무척 싹싹하고 남이 하기 싫은 일을 잘하고 직원들과 잘 어울리는 김 선생이 퇴근시간이 되자 내게 다가와 속삭였는데 나는 퉁명스럽게 대답을 했다.

타고 다니던 차가 고장이 나서 정비업소에 맡겼다고 했다. 나를 만만하게 보고 하는 말은 아닌 것 같았다. 평소에 나와 친하지는 않았지만 진짜 친해서 부탁하는 것이라 여겨져 고마움마저 느꼈다. 아무리 멀리 가자고 해도 태워 주고 싶었다. 다른 교직원에 비해 나와 친한 표시를 한 번도 한 적이 없었기에 더욱 그러했다.

평소에 다른 직원과 농담을 하고 그 사람의 심부름도 마다하지 않고 또 오빠라고 부르는 것을 보고 부러워한 적도 있었는데 나와는 따뜻한 대화 한 번 한 일이 없는 사람이었다. 어떤 때는 쌀쌀하다 싶을 정도로 매몰차게 말하는 것에 섭섭하기까지 했었다.

사실 그는 정식 교사가 아닌 기간제 교사다. 기간제 교사는 교육청에서 구하여 발령을 낼 수도 있지만 학교에서 구하는 일도 있다. 김 선생의 경우는 학교에서 구한 사람이었다. 학교에서 구할 때도 어려움이 많았다. 이 사람이 추천하고, 저 사람이 추천하고 홈페이지의 공고를 보고 스스로 이력서를 내기도 했는데, 김 선생은 누구의 추천도 없이 스스로 이력서를 내었다. 마지막까지 경쟁이 심했는데, 추천을 받아 이력서를 낸 사람은 추천한 사람이 적극적으로 밀기 때문에 객관적이지 못한 일이 생기는 수도 있는 상황이었다. 그런데 김 선생은 어떻게 보면 운이 좋은 사람이었다. 여러 가지 조건으로 볼 때 추천한 사람보다 조건이 뛰어난 것도 없었다. 아주 객관적으로 해야 되겠다고 생각한 나는 간부회의를 소집하여 조건을 따져 가며 신중하게 점수화해서 뽑을 것을 제안했었다. 내 제안이 받아들여지고 조건에 충족된 사람을 엄선하다 보니 추천자도 없는 김 선생이 기간제로 뽑히게 된 것이다. 어떻게 보면 내가 그를 교사로 만드는 데 가장 큰 공헌을 했다고 해도 과언이 아니었다.

김 선생은 부임하고 여기저기 인사를 했는데 내게는 인사를 하지 않았다. 뽑는 과정을 모르기 때문이었다. 어느 사석에서 뽑히게 된 것을 다른 사람의 공으로 말을 하기에 그 과정을 조금 이야기했더니 지나가는 말로 "진짜 부장님께 고마워해야겠네요." 하며 웃었다.

지금까지 3개월 정도 같이 근무하면서 내가 생각해도 잘 뽑았다고 자부하며 그에게 친절하려고 노력했었다. 김 선생은 부지런하여 자기 일 남의 일을 구분하지 않고 어려운 일을 도우며 근무하는 태도가 너무 좋아 칭찬도 많이 했었다. 그러나 나와 친한 것은 아니었다. 다른 사람들과 친하게 이야기해도 나와는 나이 차이 때문인지 거리감을 유지했다. 나도 김 선생에게 농담을 하기는 어려워 20년 가까운 거리를 좁히기에는 역부족이었다. 그저 좋은 사람이라고 생각했었다. 그렇게 무덤덤하게 지내 오는데 오늘 갑자기 차를 같이 타자고 부탁을 해 온 것이다. 이제 친할 수 있는 기회가 온 것이다. 더구나 내가 가는 길 반대 방향인 그의 집에까지 태워 달라고 하니 더욱 반가웠다. 그 방향으로 가는 직원들이 없는 것도 아닌데 말이다.

데이트를 하자는 말을 지나가는 말로 하는 데도 나는 의미를 부여하고 싶었다.

사실 같은 학교 직원인데 그것보다 더한 부탁도 들어줄 수 있다. 전후 사정 설명도 없이 그런 부탁을 한다 해도 나는 기분 좋게 들어주었을 것이다. 그것은 나를 무척 신임하는 것 같아서이다. 더군다나 "오늘 차가 고장이 났는데 집에 가려고 하니 같은 방향으로 가는 사람도 없고 또 젊은 사람에게 부탁한다는 것은 남이 이상하게 생각할 것도 같아 어려운 부탁이지만 태워만 주신다면 따뜻한 차(茶)라도

다음에 대접하겠다."고 했다. 나는 웃으면서 "데이트 신청
을 해 주셔서 영광입니다."

08 밤낚시 2

　　연휴 전날이었다. 교무실에서 학사일정을 이야기하다가 밤낚시를 가자는 의견이 나왔다. 희망자를 조사했더니 남자 직원 11명 중 8명이 가겠다고 했다. 발 빠른 친목회장이 낚시에도 일가견이 있다는 소문을 들었다. 이론에는 둘째가라면 서러워한다는 말도 들렸다. 거기다가 틈만 나면 낚시 잡지와 피시티브이를 시청하시는 교장선생님이 있고 집안 창고가 낚시로 가득하다는 행정실 김 주사가 있었다. 친목 회장은 즉시 회비를 거두었다. 일금 이만 원, 그리고 기분 이라며 교장선생님께서 금일봉을 기부하고 저녁과 아침 그 리고 간식과 술을 준비하기 위하여 친목회장이 조퇴를 달 았다. 퇴근하고 모처에서 만나기로 하고 일과 시간이 지나 가기만 기다렸다. 선발대가 자리를 잡기 위하여 먼저 가고 난 후 교무실은 낚시 이야기로 시간 가는 줄 몰랐다. 출발 하려고 하니 여선생님도 따라가겠다고 하여 그저 구경만 하 다가 가라고 했더니 무척 섭섭하다며 낚시를 달라고 했다.

　　낚시터에 도착하니 선발대가 수초까지 깨끗이 치우고 자 리를 잡아 두었다. 누가 어디에 앉는 것이 아니라 마음에 드는 자리를 서로 양보하며 대어를 꿈꾸며 낚시를 드리웠다. 해가 뉘엿뉘엿 서산으로 기울자 친목회장은 한잔하자며 안주로 족발을 내놓고 소주 그리고 맥주를 꺼내 놓았다. 너나 할 것 없이 자리를 차지하며 앉기 시작하자 분위기에 고조된 여선생님도 소주 한 잔 달라고 보채었다. 아껴 먹으라는 교장선생님의 주의도 아랑곳하지 않고 모두 소주잔을 기울이기 시작했다. 마침 내 낚시자리는 전체 자리에 가까이 있으므로 수시로 낚시를 보기 위해 숲속을 헤치고 오르락내리락했다. 그러다 작은 붕어가 한 마리 올라오자 여선생님은 너무 신기하다며 내 옆에 바짝 다가와 지렁이와 떡밥 그리고 옥수수 끼는 것을 정신없이 들여다보았다. 술이 얼근히 취한 사람들은 나를 부르며 일등 할 일이 있느냐며 소리를 질렀다. 나는 원래 상복이 없는 사람이라 상으로 나온 낚싯대에는 관심이 없었지만 그래도 낚시터에 왔으니 한 마리라도 낚아 보자는 생각에 부지런히 미끼를 갈아 끼웠다.

날이 어두워지자 술에 취한 사람들은 낚시는 뒷전이고 술 탐닉에 몰두했다. 야광찌가 온 저수지를 수놓을 무렵 나는 20㎝급 한 수를 걸었다. 큰나무 옆에 자리를 한 교장선생님은 내 낚시에서 물소리가 나자 "떨어졌뿌라! 떨어졌뿌라!"를 연신 외쳤지만 내 고기는 흙으로 올라오고 말았다. 지금까지 올라온 고기 중에 제일 큰 고기였다. 탄성을 지르고 싶었지만 참았다. 언제 등위가 바뀔지 그것은 시간문제였다.

자리를 옮겨 저수지 둑으로 간 최 선생님의 불빛이 커졌다 작아졌다를 여러 번 하고 있었다. 모두들 최 선생님이 일등을 할 것이라 호언을 했다. 내 낚싯대 찌는 연신 신호를 보내왔다. 이러다 진짜 등위에 드는 것이 아닌가 하는 엉뚱한 생각이 들기도 했지만 평소에 서로 베테랑이라고 하던 분들이 한둘이 아니어서 쉽게 상품에 관심을 가질 수는 없었다.

어두운 밤이 되고 한참이 지났다. 또 술자리가 시작되고 나도 자리에 왔다 갔다를 몇 번 하며 얻어먹은 소주에 취하고 있었다. 야광찌가 배로 늘어났다가 줄어들었다. 착시라 생각했는데 술이었다. 각자 열 대 정도 들낚시를 폈으니 줄잡아 야광찌의 개수는 여든 개 정도였으니 작은 저수지가 파란불 밭이 되어 장관을 이루었다. 작은 물소리만 나도 신경이 곤두서는지 한두 마디씩 거들었다.

밤은 시간을 쉽게 보내고 있었다. 자정이 되자 여선생님은 집으로 간다며 차에 라이트를 켜고 휑하니 산모롱이를 돌아 나갔다. 친목회장은 한두 명의 직원들과 소주 큰 병을 끼고 앉아 연신 낚시 무용담을 늘어놓고 있었다. 술에 취했는지 다른 사람이 먹고 모아 놓은 닭고기 뼈를 들고 빨면서 요즘 닭고기는 살이 없다며 푸념을 했다.

새벽 한 시가 넘자 저수지는 야광찌만 반짝일 뿐 사람의 그림자는 보이지 않았다. 저마다 텐트로 혹은 차로 들어가 눈을 붙이고 있었다. 밤이슬이 촉촉이 내려 낚시 가방을 적시고 낚싯대에도 물방울이 맺히었다. 살림망에서는 잡혀 온 고기들이 아직도 살아 있음을 증명이라도 하듯 간혹 퍼덕이며 존재를 확인시켜 주었다.

하늘이 흰 기운을 머금는가 싶었는데 먼 산봉우리가 보이기 시작하더니 나무의 형체가 보이고 가지들이 보이다가 잎이 보였다. 여명이 온 것이다. 텐트 문이 열리고 차 문이 열리며 하나둘 낚시 앞으로 가서 밤새 미끼를 확인했다.

오늘은 개교기념일이라 집에 있었다면 늦잠을 잤을 텐데, 어제저녁 늦도록 술에 취했는데도 아침에 일찍 일어나는 것을 보면 대단한 술꾼들임에는 틀림이 없었다. 갑자기 친목회장이 물소리를 심하게 내었다. 모두의 시선이 한곳으로 모여 있는데 나는 소리만 들었다. 누가 "와 크다." 해도 나는 괘념치 않았다. 그러다 내 살림망을 들여다보았다. 분명히 있어야 할 고기가 한 마리도 없었다. 어찌 된 일인가? 내가 자는 사이에 누가 훔쳐 갔다는 말인가? 사람이 아니면 들고양이라도 다녀갔다는 말인가? 살림망을 들고 밑바닥을 살펴보니 매듭이 풀려 있었다. 분명히 매어 있을 것이라 생각하고 물속에 넣었는데 풀려 있다니. 그것은 밤새 붕어들이 퍼덕거리다 스스로 풀렸음이 분명했다. 너무 허망했다. 그 고기들을 믿고 내가 일등을 할 것이라 큰소리는 다

쳤는데, 고기를 살려 주라는 신의 계시로 생각하고 빈 망을 들고 전체가 모이는 장소에 왔다. 모두 큰 고기를 내어 누가 제일 큰 것을 낚았는지 자로 계측을 하고 있었다. 마지막으로 내 고기를 보자고 했다. 나는 씩 웃으며 내가 잡는 것을 모두 보았고, 월척에 가깝다는 것을 모두가 인정했는데 굳이 가져올 필요가 있느냐며 의미심장하게 웃었다. 그러자 자를 들고 있던 친목회장이 모두 계측을 해도 20㎝도 안 되는데 일등은 나라며 손가락으로 나를 가리켰다. 모두 인정해 주었다.

낚싯대를 선물로 받고 차에 오르려고 하는데 누가 소리를 질렀다. 일등 하고 그냥 집에 가면 다음에 선물로 받은 낚싯대에 고기가 안 나온다며 웃었다. 나는 알았다며 식당으로 가자고 했다. 친목회장은 그렇지 않아도 식당으로 가려던 참이라고 했다.

식당 주변에는 양주가 없었다. 먼 거리에 있는 마트까지 가서 그 중에 제일 비싼 양주를 한 병 들고 가격을 알아보았더니 내가 선물로 받은 낚싯대 값의 배가 되었다. 기분이 다 싶어 한 병을 움켜쥐고 식당으로 오니 모두 박수로 화답을 했다. 교장선생님은 내 귀에 대고 속삭였다. 아무리 주변을 둘러보아도 선물을 받고 술을 낼 수 있는 사람이 없을 것 같아 우리 모두 일등을 주자고 사전에 합의를 했다며 "속았지롱" 하며 웃었다.

09 말 한마디가 비수가 되어

　시작종이 치고 3분 정도 지나자 학생이 교무실 문에 헐떡거리며 와서 나를 보고 서 있었다. 평소에도 시작종이 치고 몇 분 정도 늦게 교실에 들어가는 일도 있었다. 학교사무가 다른 교사들보다 서너 배는 많다 보니 습관처럼 수업보다 일이 우선이 되어 버렸다. 일복이 터졌다고, 팔자라고 동료들은 말을 한다. 일이 많으면 그만큼 부담도 크지만 보람도 두 배는 되어서 일하는 맛에 근무하는 사람처럼 보일 때도 있다. 어쩌면 조금 덜 떨어진 사람 같아 보일 수도 있을 것이다. 그렇다고 수업을 하지 않는 것은 아니지만 단지 조금 늦게 들어가는 것이 항상 학생들에게 미안해하면서도 어쩔 수 없는 일이라고 스스로 자위도 해 본다. 손님이 와서 기다릴 때는 수업을 하다가 손님을 만나고, 수업을 하면서 학생들이 활동하는 동안에 공문을 살펴보는 일도 간혹 있다. 정확히 보면 나는 교사이기 이전에 사무원 내지 행정실 직원 같아 보일 수도 있을 것인데 학생들은 그러는 나를 바쁘니까 늦는 것이라고, 바쁘니까 수업시간에 손님을 만나는 것이라고 생각하고 있는 실정이다. 그러다가 내가 너무 미안하여 보강이라도 하려고 하면 학생들이 먼저 "선생님은 놀면서 늦게 들어오신 것도 아닌데 별나다 별나" 하며 입을 삐죽이는 학생도 있다.

　수업을 마치고 나오니 교무실에서 교장선생님이 나를 기다렸는지 아니면 그렇게 만났는지 모르지만 아마도 준비해 둔 말을 하는 것 같았다. "수업에 늦게 들어갔으니 봉급 반납하소." 뼈가 있는 말 같았으나 나는 내 편의대로 쉽게 받아들였다. 내 대답은 "2분 늦게 들어갔는데 2만 원이면 되겠습니까?"로 슬쩍 넘겼더니 교장선생님도 크게 웃고 말았다. 나는 그것이 끝이라고 생각했다. 마침 손님이 와서 식사를 하는데 손님 두 분과 교장선생님을 모시고 가게 되었는데 교장선생님은 정색을 하고 내게 이야기했다. "기둥을 흔들어 놓으면 서까래들은 자연히 흔들리는 것"이라고 했다. 그 말은 나에게 꾸중을 하면 모든 직원들이 수업에 일찍 들어갈 것이라는 해석이었다. 그제야 나는 아하 교무실에서 한 그 말은 진담이었구나 하고 진지하게 생각하지 않을 수가 없었다. 집에 돌아오면서 생각하니 분명히 내가 수업에 조금 늦는 것을 교장선생님이 알 턱이 없는데, 누군가가 고자질을 한 것이 아니면 모든 직원들이 그렇게 눈 밖으로 나를 본 것이라 여겨지다가 급기야 모든 교원들이 내가 수업이 늦는 것을 꼬집고 있었구나 하는 결론을 얻게 되었다.

내가 수업에 늦게 들어가는 것은 생각해 보면 일을 핑계 삼아 버릇이 된 것으로 다른 직원들이 볼 때는 이해가 되지 않을 수 있으며, 내가 바쁜 것을 그들이 알 턱이 없는데, 설사 바쁘다고 하더라고 그것은 내 개인 사정이라고 치부해 버린다면 할 말이 없는 것이다. 교사의 본분은 학생을 가르치는 것이고 학생을 가르치는 기본은 수업시간을 조금이라도 축내지 않는 것인데, 이제는 모든 선생님들에게 사과를 해야 한다는 생각에 미치게 되었다. 그러다 또 괘씸한 생각이 들기도 했다. 분명히 나를 모함하는 사람이 있을 것이고 그 사람이 누군가는 짐작하기에 이르렀다. 전에도 내 면전에서 모함을 하고 뒤에서도 모함을 하는, 내게는 원수 같은 사람이 있기는 있었으므로 그를 의심하지 않을 수 없었다. 말 한마디가 비수가 된다더니 그 사람의 말에 내가 얼마나 가슴 아파했던가? 이제는 참을 수 없는 분노가 일기 시작했다. 복수까지는 아니지만 내가 받은 것만큼 돌려주고 싶은 충동이 일었다.

잠을 설치고 아침을 먹는 둥 마는 둥 하고 일찍 출근하니 아직 아무도 없었다. 조금 있으려니 직원들이 출근을 했는데 누구나 잡고 어제의 일을 아니 내 계획을 이야기하고 싶은 충동을 느꼈다. 그러자 나도 모르게 행동으로 옮겨 버렸다.

수업 종이 치기 5분 전에 나는 서두르기 시작했다. 책꽂이에 책을 빼고 수업 준비를 하고는 자리에 앉지도 못하고 그냥 시작종이 울리기만 기다렸다. 그러다 불쑥 나도 모르게 말이 튀어나왔다. "이제는 수업에 늦게 들어갈까 봐 조바심이 되어 일을 못 하겠다. 누군가 내가 늦게 들어가는 것을 감시하고 있다."고 하자 교무실이 갑자기 조용해졌다. 내 책상에는 아침에 처리해야 될 서류들이 즐비하게 널려 있는 것을 그들도 보아서인지 내 푸념 같은 말 한마디에 신경을 곤두세우는 것 같았다. 나는 급기야 서류를 흩트려 놓은 채 교과서를 옆에 끼고 창밖을 보면서 수업시작 종을 기다렸다.

조금 후 행정실장이 내 옆으로 오면서 '이 공문이 오늘까지인데 사례를 쓰는 일이라 혼자 며칠을 주물럭거리다가 교장선생님께 말씀을 드렸더니 선생님과 상의하라고 해서 가져왔습니다.' 하고 주었다. 오전까지 혁신 사례를 써서 보내야 하는데 정말 큰일이 난 것이다. 나는 다른 사람들이 들으라고 큰 소리를 지르고 말았다. "내 수업시간이 급합니다. 조금 늦으면 월급을 반납해야 하니 교실에 들어가야 합니다."고 하자 수업 시작종이 울리기 시작했다. 행정실장은 울상이 되어 교무실을 나서는 나의 뒷모습만 바라보고 있었다.

# 10 밭에 물을 넣으면 논이 된다

　학생들이 과제를 해결하느라 정신이 없다. 다투어 발표하는 수업 분위기에 학생들도 익숙해졌는지 다른 사람보다 먼저 발표를 하려고 열심히 과제를 하고 있었다. 아무 생각 없이 창밖을 보다가 혼잣말처럼 중얼거렸다. "저 밭에는 마늘을 심었는데, 언제 추수하고 트랙터로 밭을 고르고, 지금 곡식을 심으면 무엇을 심지?" 마늘 농사를 하고 논 같으면 벼를 심을 것인데 밭이니 6월 하순이 되어 가는데 무엇을 심는지 궁금해서 중얼거린 것이다. 그런데 앞에 앉아 열심히 과제를 하던 재석이가 튀어 오르듯이 내 말을 받았다. "벼를 심지요 뭐!" 재석이는 시골 아이답지 않게 도시학생의 체취가 풍기는 모범생으로 집에는 농사를 짓는다. 재석이 말을 듣고 나니 나도 모르게 이상하다는 생각이 들었다. 분명 밭인데 벼를 심다니, 또 한마디 하지 않을 수가 없었다. "밭에도 벼를 심냐?" 또 재석이는 "밭에 물만 넣으면 논이 되는데요." 들을수록 이상했다. 그리고 재석이와 다른 아이들이 쌀이 나무에서 열린다는 대도시의 어린아이들이 아닌가 하는 착각에 빠지기 시작했다. 아이들을 향해서 "재

석이는 밭에 물을 넣으면 논이 된다는데 너희들도 그렇게 생각하느냐?”고 했더니 모두의 대답은 “예”였다. 이제는 논과 밭의 차이점을 설명해 주어야겠다는 역사적인 사명이 생기기 시작했다. “너희들 보아라. 저 밭은 평면이 아니고 산비탈에 있어서 물이 고일 수가 없단다. 그리고 밭 흙과 논흙은 달라서 밭이 논이 되려면 흙을 고르고 마사토가 아닌 진흙을 넣어야 한다.”고 입에 거품을 물고 설명을 했다. 그러자 재석이는 ‘저기에는 마늘을 심었는데 마늘은 논에만 심는 식물인데 마늘을 심었으니 논’이라고 했다. 그리고 “밭도 트랙터로 고르면 논이 돼요.”라고 대꾸를 했다. 참기가 막히고 말았다. 내 설명이 잘못되었는지 학생들은 도대체 내 말을 믿으려 들지 않았다. 나는 칠판에 크게 글씨로 썼다.

“밭을 모르는 촌아! 재석이는 촌아도 도시아도 아니여!(웃자고 코미디 흉내를 냄) 밭에 물을 넣으면 논이 된다(가짜＝재석이). 마늘은 반드시 논에만 심는다(가짜＝재석이). 밭에도 마늘을 심는다(진짜＝선생님).” 학생들은 가슴을 치고 답답함을 나타내었다. 전적으로 재석이 말이 맞는데 선생님이 가짜라는 것이었다. 그러면 저 밭에 벼를 심는지 다른 것을 심는지 보자고 했더니 요즘 논에는 아무거나 심는다고 응수해 왔다. 이렇게 되자 나는 포기하기 시작했다. 비탈진 밭에 물을 넣을 수 있다는 데는 할 말이 없었다. 그러다 내 말이 잘못되었을지도 모른다는 생각이 들기 시작했다. 그러나 분명한 것은 밭이 논이 되려면 논으로 만드는 작업이 선행되어야 하는데 바로 물을 넣으면 논이 되는 밭보다 안 되는 밭이 많다는 사실이다. 그리고 밭에 심는 벼는 밭벼로 품종이 논벼와 다른 것이 있기는 있다는 것이다. 하기야 요즘에는 논농사보다 밭농사가 수익이 많으니 논으로 밭을 만들고, 논에 밭작물을 심는 것이 너무 많다 보니 학생들도 논과 밭을 그렇게 쉽게 알고 있는 것이 당연한지 모른다.

내가 어릴 적에는 논이 있는 사람은 쌀밥을 구경하는 부자였다. 밭만 있는 사람은 보리밥 아니면 조밥을 먹었으니 논이 몇 마지기 있고 없고가 부의 척도가 되기도 했다. 농사도 기계화가 되고, 논도 하루아침에 밭이 되고, 밭도 논이 되는 기계화된 농촌에 사는 학생들이라 그렇게 생각하는 것이 당연할지도 모른다.

농촌에 사는 학생들이라고 농사를 아는 것은 아니다. 더구나 논밭에 한 번도 안 나가 보는 학생들도 있다. 부모들이 농사를 지으면서도 학생들은 아침부터 저녁 늦게까지 책과 컴퓨터에만 붙어 있으니 정확히 말하면 사는 것은 농촌에 사는데 생활 방식은 도시학생인 것이다.

밤낚시 3

　수면 위로 물안개가 피어오르고 아스라이 보이는 저수지 건너편에 보이는 케미불이 졸고 있다. 아직 다른 분들은 잠에 젖었는지, 늦게 잠자리에 들었는지 보이지 않는다. 밤에 급하게 먹이를 던져 넣고 잠자리로 갔는데 종대가 제자리를 지키는 것이 없다. 수면 속에 들어가 보이지 않는 놈, 위로 올라온 놈, 드러누운 놈, 머리카락이 보이는 줄도 모르고 숨어 있는 놈, 온 동네를 돌아다니다 이웃 낚싯줄까지 감고 잠이 든 놈, 기대를 가지고 낚싯대를 들어 올리며 이번에는, 이번에는 하다가 잔챙이 한두 마리를 살림망에 넣고 다시 먹이에 큰 기대를 달아 수면 속으로 던졌다. 열두 시가 되자 텐트로, 차 속으로 잠을 청하는 꾼이 있는가 하면 끝장이라도 보려는지 새벽까지 눈동자에 힘을 주는 사람도 있다.

　한참을 눈에 힘을 주고 있는데 옆에 분이 텐트에서 나왔는지 젖은 의자를 털어 내고 앉았다. 한두 사람이 나오는가 싶었는데 낚싯대를 드리운 자리마다 주인으로 채워지자 여명이 저수지를 메웠다. 새벽까지 낚시하던 사람들의 무용담이 펼쳐졌다.

"어제 텐트로 들어가려고 막 일어서는데 두 칸 대가 움찔해서 낚싯대를 드는 순간 크구나 싶더라고요. 놈이 옆으로 째기 시작하는데 다른 낚싯줄을 다 걸고 마지막에 수초를 걸었는지 나와야 말이지. 정신이 들어 불을 켜고 보니 고기는 어디로 가고 다른 낚싯줄을 걸고 나오는지라 지금부터다 싶어 그 길로 밤을 새웠네!"

"저는 차에서 막 잠이 드는데 핸드폰이 울려서 받아 보니 저수지 건너에서 낚시하던 김 주사 전화였습니다. 고기가 낚싯대를 끌고 가는데 와 보라고 하기에. 부리나케 나가 봤더니 낚싯대는 저수지 가운데를 향하여 계속 가고 있고 낚싯대 손잡이가 들락날락하는데 정말 미치겠습디다. 한참을 바라보고 있는데 저수지 건너 수초 가까이 가서 멈추기에 큰 저수지를 한 바퀴 돌아 넘어지며 갔는데 가서 보니 다른 낚싯대로 꺼내야 하는데 낚싯대가 있어야 말이지요. 또 저수지를 한 바퀴 돌아 낚싯대를 가지고 갔는데 겨우 줄을 걸고 보니 수초에 걸릴 것 같아 고기 달린 낚싯대를 다른 낚싯대로 걸어서 끌고 수초가 없는 곳으로 유인하는데 곧 떨어질 것 같아 옷이 물에 젖는지도 모르고 저수지를 헤맸습니다. 고기를 꺼내고 보니 준월척 정도밖에 안 되는데 무슨 힘이 그리 센지 고기를 살림망에 넣고 나니 고기보다 내가 힘이 빠져 기진맥진하다가 잠 한잠 못 자고 텐트에만 들어갔다가 나왔습니다.”

무용담은 계속 이어졌다.

여덟 시가 가까워지자 저수지는 또 한 번 야단법석이었다. 아침을 준비한 사람이 아침 먹으라고 소리를 지르고, 한 팀은 짐을 챙기고, 어떤 이는 세수를 하고, 바삐 차에 시동을 걸고, 우리 팀은 출근을 해야 하기 때문에 일곱 시가 가까워지자 낚시가방을 챙기고 식사를 하는 둥 마는 둥 하고 차를 출발시켜야 했다. 말없이 얼굴만 봐도 누가 쓰레기를 치우라 소리하지 않아도, 누가 설거지하라고 시키지 않아도 제 할 일을 하고 출발을 했다. 그래도 오늘은 토요일이라 오전 근무만 하면 퇴근할 수 있으니 가벼운 마음으로 출근을 했다.

여름휴가를 늦게 시작하는 이유

"수업일수가 똑같이 205일인데 우리학교가 다른 학교보다 여름휴가를 늦게 하는 이유가 뭡니까?"

"우리학교는 늦게 방학을 하고 늦게 개학하기 때문입니다. 일찍 한다면 일찍 개학해야 합니다."

"그래도 다른 학교와 같이 일찍 해야 합니다. 그리고 개학은 계획대로 해야 합니다."

이것은 억지도 아니고, 어린아이가 울면서 과자 사 달라는 것과 같은 막무가내가 아닐 수 없다. 수업일수가 같다면 휴가 기간이 같은 것은 정한 이치인데, 다르다면 일찍 시작하고 늦게 시작하는 차이밖에 없는데, 이것을 일찍 시작하고 늦게 개학하자는 데는 방법이 없다. 보통학교 같으면 학생들이 방학을 많이 하자고 해도 교사들이 학사일정에 의하여 조정하고, 교사들이 방학을 많이 하자고 해도 교장선생님이 조정을 하는 것이 보통인데 우리학교는 교장선생님이 방학을 많이 하자고 하니 어안이 벙벙할 수밖에 없는 노릇이다.

우리학교는 지역특성상 초등학교와 급식을 같이하기 때

문에 초등학교와 학사일정을 비슷하게라도 맞추어야 한다. 그래야 학생들이 점심을 굶지 않는다. 굶지 않으려면 도시락을 싸 와야 한다. 초등학교와 학사일정을 맞추다 보니 다른 중·고등학교보다 방학이 늦어지고 그리고 늦게 개학하는 것이다. 사정을 이야기하고 학년 초에 계획을 수립했는데도 이제 와서 억지를 쓰니 대책이 없었다. 그렇다고 내 고집을 피울 수는 더욱 없는 노릇이다. 학생이고 교사고 모두 바라는 일인데 나 혼자 수업일수가 모자란다고 한들, 또 겨울휴가가 줄어든다고 설득한들 먹혀들지 않는 일이다. 정말 난감한 일이다.

또 학사일정을 조정하려면 학교운영위원회를 거쳐야 하는데 운영위원회를 할 시간도 없을뿐더러 운영위원회를 하지 말고 서류만 바꾸어서 넣으라는 지시이다. 이것은 엄격히 말해 공문서 위조가 되는 것이다. 참 고민이 되지 않을 수 없다. 원칙대로 하려니 내 신상에 피해가 염려되고 원칙대로 하지 않으려니 공문서 위조가 되니 어떻게 한다는 말인가? 밤을 새워 고민을 했다. 그리고 내린 결론은 원칙대로 하자는 것이다. 그것도 안 되면 학사일정 조정 자체를 서류로 만들어 비치하기로 하고 출근을 했다.

등교를 하니 아무도 오지 않았다. 교무실 문을 열고 책상을 보니 어제 고민했던 흔적들이 서랍 속에서 나왔다. 한번 부딪쳐 보는 것이다. 그러나 교장선생님의 기분을 상하게 하지 않으면서 일도 원활하게 하는 방법으로 해야 하는 것이다.

교장선생님을 보자 "운영위원장님에게 학사 일정이 조금 변한 것을 통고해야 되겠지요." "그럴 필요 없습니다. 다른 학교보다 늦게 방학하는 것을 학생들이나 선생님들이 불평할까 싶어 내가 먼저 선수를 친 것입니다. 또 교무부장이 어떻게 하나 싶기도 하고요. 방학과 개학은 계획대로 합시다."

교무실로 오면서 어제부터 고민하던 것이 해결되었다는 안도감에 한숨이 나왔다. 교무실에서 선생님들에게 교장선생님과의 대화를 이야기했더니 웃어 주었다. 학생들도 방학이 늦음에 대한 불평을 하지 않아 다행이었다.

만약 교장선생님께서 내게 그런 과제를 주지 않았다면 선생님들은 선생님들대로 학생들은 학생들대로 늦은 방학의 원망을 내게 했을 것이다.

퇴임식 하는 날

　교사로 정년퇴임을 하는 동료가 정년퇴임식을 한다고 했다. 며칠 전부터 양력소개 팸플릿을 만들고 식장에 붙일 현수막 문안을 작성하고, 꽃다발을 준비하고 강당이 없어 컴퓨터실에 식장을 꾸몄다. 37도를 오르내리는 한여름, 3층에 있는 컴퓨터실을 오르내리는 것은 그냥 갔다가 와도 힘든 일이다. 현수막이 잘못 붙었다고, 막이 잘못 쳐졌다고 오르내리는 일은 더욱 힘든 일이다. 거기다. 식순에 따라 꽃다발 주는 학생도 정하고, 퇴임자와 가족, 그리고 내빈 자리도 배정하며 힘든 일을 방학 중이지만 계속했다. 퇴임식을 개학날 한다는 말에 방학 중에 학교에 나가지 않으면 안 되었다.

　정녕 퇴임하시는 분은 퇴임식을 하지 않았으면 좋겠다고 끝까지 버티는데 교장선생님이 해야겠다고 하니 실무를 담당하는 사람으로서는 힘도 안 나는 일을 죽어라고 할 수밖에 없었다.

　팸플릿을 학생 수와 손님 수에 맞게 앞뒤로 인쇄를 하고, 학교장 퇴임 축사를 쓰고 나니 또 하루가 저물었다. 퇴임식 준비로 3일을 다른 일 못 하고 보낸 셈이다. 내일이면 퇴임식이니 이제 학생들이 개학하면 청소만 하면 되었다.

퇴임식을 하는 날 아침이다. 다른 사람보다 일찍 출근하여 퇴임식 마지막 점검을 했다. 학생들도 개학을 하고 보니 학교는 활기를 찾기 시작했다. 퇴임식에 맞추어 운영위원회가 열려 운영위원들까지 왔다. 8시 30분에 간부회의를 하고 45분에 직원회의를 하며 오늘 일정을 발표했다. 교실에서 담임선생님들이 학생들의 방학과제를 점검하며 청소지도를 하는 사이 나는 식장을 정리하느라 땀을 흘렸다. 10시가 되자 운영위원회가 열려 위원회에 참석하여 회의를 하고 있는데 퇴임자 가족이 왔다는 연락이 왔다. 퇴임자 가족은 8명으로 제자들도 몇 명 왔다. 11시가 가까워 오자 3층 강당으로 올라가니 천장의 선풍기만 돌고 학생들은 "○○○ 선생님 정년퇴임"이라는 현수막을 쳐다보며 떠들고 있었다. 사회대에서 국민의례와 애국가, 교가를 점검하고 양력보고를 돌리며 마지막 점검을 했다. 꽃과 선물을 전달할 학생들을 연습시키고 내빈들이 오기만 기다렸다.

식이 시작되자 식순에 의하여 식이 이루어지고 유창한 축사와 정이 넘치는 퇴임사를 끝으로 막이 내렸다. 식장의 뒷정리를 선생님들에게 맡기고 교무실에 사무를 정리하기 위해 복도로 나왔다. 교장선생님은 나에게 퇴임자 가족을 모시고 식당으로 가라고 했으나 뒷마무리를 해야 하기 때문에 교무실에서 마무리를 하고 학생들을 하교시키라고 했다.

식당에서 연락이 왔다. 교장선생님께서 교직원들이 늦게 온다고 화가 났다는 말을 했다. 그래도 마무리는 해야 하기 때문에 대충 마무리하고 식당으로 향했다.

식당에 도착하니 교직원들이 밖에서 서성이고 있었다. 퇴임자 가족과 운영위원들만 자리를 하고 있었는데 내가 들어가자 교장선생님은 정색을 하고 나를 향해 "교무부장 오늘 꾸중 좀 들어야 합니다. 퇴임하시는 분과 가족들을 식당까지 모시라고 했는데 대답만 하고 말이야. 교직원들도 교무부장 말을 듣지 않고 늦게 오는 이유가 뭐요?"

정말 듣기에 힘든 말이었으나 나는 그저 이 사태를 쉽게 무마하고 싶어

"예, 제가 잘못했습니다."

하고 헛웃음을 웃으며 빠른 무마를 위해 노력했다. 그러는 내가 보기에 민망했던지 교직원들은 내 눈치만 살폈다.

사태의 심각성을 눈치 챈 나는 자리에서 벌떡 일어나 퇴임하시는 선생님께 절을 올렸다.

"이 못난 후배를 용서해 주시옵소서!"

그리고 교장선생님께도 절을 올리려고 허리를 굽히는 순간 운영위원장님이 손사래를 치며 한마디 했다.

"우리 모두 교무부장님이 어떻게 하시나 모의를 했습니다. 정말 수고하셨습니다. 교무부장님의 인품을 익히 알고 있었지만 절을 할 줄은 몰랐습니다."

14 테니스장 눈 쓸기

금년(2007) 겨울은 아침에 눈비가 오는 날이 많다. 길이 얼어 차량들이 기어서 가도 여기저기서 접촉사고가 나는 장면을 보아야 했다. 겨울이 되고 아직 12월 초인데 벌써 새벽에 비가 와서 길이 미끄러워 고생한 날이 두 번이다. 그런데 오늘은 새벽에 눈이 와서 도로 곳곳을 빙판으로 만들었다. 특히 굽은 교량 위에는 차들이 쌍라이트를 켜고 전진하기를 거부하다 보니 교량마다 브레이크등 불빛으로 불야성을 이루고 있었다.

평소 같으면 30분이면 족하던 출근길이 90분이 지나도 학교가 보이지 않았다. 전화를 해 보니 가까이 살고 있는 교직원들은 출근을 했는데 멀리 살아도 길이 미끄럽지 않은 사람은 출근을 했다고 했다. 나와 같은 사람 몇 명만 출근을 하지 않았다며 천천히 조심해서 오라고 했다.

학교에 도착하자 늦은 출근이 미안하여 고개를 숙이는데 미끄러운 길을 오느라 고생 했다며 모두 위로해 주었다. 어려웠던 출근길 스트레스를 수습하느라 뒤뜰로 나갔다.

우연히 테니스장을 들여다보았는데 거기 한 사람의 참교

육자를 보게 되었다. 거기에는 이 선생이 손에 장갑도 끼지 않은 채 테니스장을 비로 쓸고 있었다. '슥－쓰윽' 싸리나무 비를 시원스레 좌우로 옮기며 내가 들여다보는 줄도 모르고 열심히 비질을 하고 있었다. 그는 평소에도 누구보다 일찍 출근하여 그날 수업 준비를 했다. 배드민턴을 하는 날은 운동장에 배드민턴 경기장을 라인기로 열심히 그으며 만들었고, 농구를 하면 농구코트를 그렸는데 오늘은 테니스 수업을 하는 것이 분명했다.

눈이 내렸으니 교실에서 이론 수업을 할 법도 한데, 지루해할 학생들을 생각하여 이른 아침에 출근하여 손이 시린 줄도 모르고 눈을 쓸고 또 쓸며 신나게 테니스를 칠 학생들을 생각하고 있는 것이었다.

이 선생은 금년 3월에 발령을 받은 초임 체육교사이다. 어려운 순위고사 관문을 뚫고 교직에 발을 들여놓은 그는 평소에도 모범적으로 근무했다. 모두들 준비된 교사라 칭찬을 했다.

테니스장을 들여다보며 이 추운데 무엇을 하느냐고 하자 그저 심심하여 눈을 쓸고 있다며 능청스럽게 대답했다. 아직 서른이 안 된 총각이 생각은 노인이 몇 명 들어 있는 듯했다.

교무실로 들어오자 이 선생의 교육애를 자랑하고 싶었다. 아니 자랑을 해 주는 것이 내 임무인 것 같기도 하고 역사

적인 사명을 띠었다고 국민교육헌장의 문구를 되뇌기도 하
며 이 사람 저 사람 보는 대로 자랑을 했다. 여러 사람 앞
에서 자랑을 해도 다른 분들은 내가 잘못 전달했는지 별로
감동을 받는 것 같은 기색이 아니었다. 내가 받은 감동을
그대로 전해 주고 싶었는데, 내 감동이 풀어지기 전에 문자
로 기록하고 싶어져 바로 컴퓨터를 열고 몇 자 적어 본다.

2008 년도

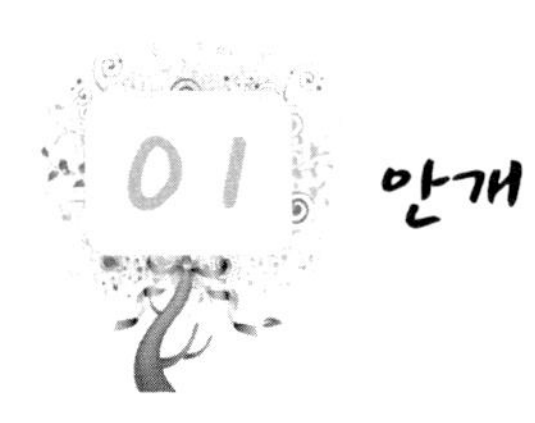

안개

삼십여 년을 출근해도 아침이 힘든 것은 변함이 없다. 이제는 바쁜 출근준비가 익숙해질 때도 되지 않았느냐고 스스로를 채찍질해 보지만 따뜻한 이불 속 감촉을 쉽게 떨치기는 더 많은 수양이 필요한 것 같다. 하루 중 기본 생활을 가장 바쁘게, 빠뜨리지 않고 해야 되는 것이 아침이고 보면 살아 있는 한 또는 출근을 해야 되는 한 힘든 것은 어쩔 수 없는 일이 아닐까?

신호등의 색깔이 더욱 긴장하게 한다. 안평 가는 길은 편도 2차선 국도를 20분 달리다가 1차선 지방도로를 10여 분 달려야 하는 길이다. 지방도로를 들어서려는데 갑자기 앞이 보이지 않는다. 헤드라이트를 켜 보지만 아무런 효과가 없다. 천천히 가라는 하늘의 계시로 받아들이고 느긋하게 라디오를 켰다. 서울이 가시거리 2킬로미터이고 심한 곳은 10미터 앞이 안 보이는, 안개가 많이 끼는 아침이라고 일기예보를 했다.

전국이 안개 주의보가 내려서가 아니라도 안동은 안개가 많은 고장이다. 안동댐과 임하댐이 있어 그렇다고 한다. 강원도 춘천도 댐의 영향으로 안개의 도시로 이름이 나 있다. 안개는 갑자기 찾아오는 경우가 허다하다. 안평 가는 길은 재를 2개나 넘어야 한다. 재와 재 사이에 있는 마을이 평팔리인데 안개가 많은 마을이다. 겨울이면 기온도 많이 내려가는 마을이다. 운산이나 원리를 지나다 온도계를 보면 영하 13도인데 평팔을 지나다 보면 영하 17도를 넘는 날이 있다. 산속에 가려진 평팔리는 저수지도 안평 가는 길 여섯 개 중에 가장 큰 것이 있고 작은 저수지도 3개나 있다. 그 영향인지 확실치는 않지만 기온도 낮고 안개도 많은 마을이다.

일기 예보를 하는 여자의 목소리가 10미터도 안 되는 가시거리가 있다더니 바로 평팔을 두고 하는 말 같았다. 평팔리의 사정을 서울에서 어떻게 알고 있는지 정말 신기하다. 가시거리 10미터면 자동차의 속도도 덩달아서 20킬로미터를 넘지 못한다. 앞이 보이지 않으니 달릴 수가 없는 것이다. 평소에 보던 풍경들도 길 가까이 있는 것만 보인다. 도로의 중앙선을 따라가는 수밖에 방법이 없다. 여기가 어디쯤인지 초행길은 정말 찾기 힘들다. 4년째 다니고 있어도 분간이 어려운데 말이다.

안개는 솜처럼 부드러워서 자동차에 닿아도 소리가 나지 않는다. 바람과 함께 슬며시 피해 간다. 멀리서는 소리 높여 함성을 지르는 군중이지만 가까이 오면 아주 얌전한 새색시가 된다. 길옆에 고개 숙이고 서 있다가 차가 지나가기를 기다려 가던 길을 가는 시골 처녀 같다.

평팔리 저수지를 지나 고속도로 일직터널을 가슴에 안고 있는 고개를 넘으면 개상골인데 개상골은 탁 트인 들판이 산모롱이 사이로 보이는 곳이므로 안개가 저 멀리 비켜서 있다. 이제 켜져 있던 헤드라이트를 꺼도 될 것 같다.

02 제자, 동료가 되다

교직생활을 한 지 삼십 년이 넘었다. 어떤 사람들은 제자와 같은 교무실에서 근무한다는데 나는 그런 행운(?)은 아직 없었다. 술집에서 접대부가 된 제자를 만나 난처했다는 이야기도 들었는데 나는 그런 경우도 없었다. 한때 'TV는 사랑을 싣고'라는 프로그램이 있었는데 옛 스승을 찾는 사람들이 종종 나왔다. 제자가 스승을 찾아 큰절을 하고 울고불고하는 것을 무척 부러워한 적이 있다. 그 중에서 가장 기억에 남는 말은 백발이 성성한 스승이 제자를 만났는데, 만나고 보니 제자 집 지척에 스승의 집이 있었다. 스승은 제자가 워낙 유명하기도 하고 집 근처에 살고 있는 것을 알고 있었지만 제자를 찾지 않았다. 제자가 스승에게 말했다.

"선생님께서 저의 집을 아시면서 왜 찾지 않으셨어요?"

스승이 말했다.

"스승은 제자를 찾는 법이 아니다."

스승의 마음은 제자가 불편해할까 싶어, 그저 소식만 들어도 반가운데 굳이 만나면 부담을 줄까 싶어 그런 말을 했을 것으로 짐작이 되었다.

우연히 제자를 만나 정담을 나눈 일은 있다. 거리에서, 가게에서, 어느 사무실에서, 식당에서 우연히 만나 반갑게 인사를 하고 안부를 묻는 일은 많았다. 제자를 내 가족으로 맞이한다든지 가족과 친분이 있다든지 하는 그런 일은 아직 없었다. 그런데 정말 우연하게 제자와 직장 동료가 되었다. 그것도 고등학교에서 가르친 지 팔년 만에 만난 것이다.

2월, 전출을 하고 전입을 하는 몇 분들이 있었다. 오시는 분들 세 명 가운데 유독 얼굴을 보자마자 어디선가 본 듯한 얼굴이 있었다. 아직 서로 인사도 하지 않고 교무실 문을 들어서는 순간에 말이다. 오신 분들에게 자리를 권하고 앉으려고 하는데 궁금증을 참지 못한 나는 얼굴이 익은 사람을 향해 말을 건넸다. 아주 앳된 얼굴, 소녀 같은 여선생님이다.

"우리 어디선가 본 적이 있지요?"

그 여선생은 얼굴을 붉히며 가만히 있었다.

나는

"혹시 ○○ 고등학교를 졸업하지 않았습니까?"

그는

"맞는데요."

그러면서

"선생님께 배우지는 않았어도 제가 다닐 때 계셨어요."

나는 말을 잃어버렸다. 내가 먼저 아는 척한 것에 대한 후회 때문이었다. 분명 그녀는 내가 그를 모를 것이라 생각하고 있었는지 아니면 말할 기회를 보다가 놓쳐 버렸는지, 또는 제자이기를 거부하고 있었는지, 모르는데 먼저 아는 척을 한 것이 아닌가 해서이다. 이왕 이렇게 된 거 따질 것은 따지고 싶었다.

"나에게 2학년 때 국어를 배운 것 같은, 특히 이청준의 선학동 나그네라는 단원을 가르쳤던 것을 기억하는데"

그 여선생은 웃으며

"어떻게 그것까지 다 기억하세요?"

한 학년이 8반까지 있었으니 전교생이 천 명 정도 되었는데, 담임도 하지 않고 수업만 했는데, 그녀가 기억나는 것은 졸업한 지 얼마 되지 않아서 만났기 때문일 것이다.

03 X맨

교무실에서 교장선생님 이야기를 한두 마디 한 적이 있었다. 그것도 좋은 이야기를 하다가 그 말 속에 뉘앙스가 나쁘게 들릴 소지가 있는 말이 들어간 것이다. 교사들은 술 안주로 교장선생님의 험담을 하는 경우가 있다. 다른 직장도 마찬가지가 아닐까 한다. 그런데 문제는 다른 곳에서 발생했다. 우연치 않게 교장선생님과 교장실에서 행사 협의를 하다가 의견이 달라 싫은 기색을 보였는데 교장선생님은 "교무실에서 교장 흉이나 하니까 이 행사도 내 의견에 따르지 않는 것 아니냐?"라고 했다. 그 말을 듣는 순간 평소 교무실에서 일어나는 일을 누군가 일러바치는 사람이 있었구나 하는 생각이 들자 망치로 한 대 맞은 기분이었다. 교무실에 오자 모두가 교장선생님의 스파이로 보이기 시작했다. 우선 교장선생님과 가까이 지내는 한두 사람을 의심하지 않을 수 없었다. 한 사람 한 사람을 떠올리며 그 사람은 아닐 것이다. 그 사람이 맞을 것이다 하고 며칠을 두고 잔머리를 굴려 보았다. 평소 교장선생님에 대해 말을 잘하지 않으니 걱정할 것은 없었다. 그러나 이제부터는 말조심

해야지, 특히 교장의 험담을 하지 말아야지 하다가 보니 다른 직원들을 경계하는 것은 어쩔 수 없는 일이 되었다.

얼마 전 텔레비전 프로그램에 '일요일이 좋다'라는 것이 있었다. 그 프로그램을 보면 같이 행동하여 서로 자기편이 이기기를 바라며 열심히 게임을 하는데 알게 모르게 실수를 하여 게임에 지도록 하는 사람이 있었다. 그를 이 프로그램에서는 X맨이라고 했다. X맨은 고의로 실수를 한 척하여 같은 팀원을 속이도록 사전에 사주를 받은 사람이다. 게임이 끝나면 X맨을 찾는 것으로 끝이 나는데 설마 하던 사람이 X맨이 되는 경우가 있었다.

007영화가 극장가를 휩쓸고 다닌 적이 있었다. 지금도 나이 든 사람들은 그 영화에 매료되어 명화 극장 같은 프로그램에서 향수를 달래곤 한다. 007 하면 날렵한 스파이가 등장하는데 처음에는 스파이인지 모른다. 분명히 아군이라고 생각했는데 결과에서는 스파이가 되는데 흥미가 있었던 것으로 기억한다. 그 영화가 아니더라도 스파이 하면 엄청난 사건의 가운데에서 활동하는 사람으로 인식되어 있다. 사실 X맨도 스파이인데 두 낱말은 많은 차이가 있어 보인다. 낱말을 알게 된 동기의 차이라고도 볼 수 있는데 인식 자체가 다르니 그럴 만도 하다.

교무실에서 X맨을 찾아야 한다는 사명감 같은 것으로 며칠을 보냈다. 내가 의심이 가는 사람 앞에서 교장선생님의 험담을 의도적으로 해 보았다. 다음 날 아침이면 교장선생님의 행동에서 또는 말투에서 나를 경계하고 싫어하는 기색을 읽을 수 있었다. 벌써 알았구나! 내 실험의 성공에 쾌재를 불렀다. 그러다 돌이켜 보니 찾지 않는 것이 좋을 듯했다. 찾아서 어떻게 하겠다는 것인가? 그 사람을 매장한들 나에게 무에 그리 시원한 일이 되겠는가? 그 사람은 오죽하면 교장선생님의 사주를 받아 그런 일을 하겠는가 하는데 생각이 미치게 되었다. 상상을 하면 교장선생님이 그 사람을 은밀히 불러 이렇게 말을 했을 것이다. "교무실에서 내 욕을 하는 사람이 있으면 나에게 이야기해 다오. 그 대가로 근무하는데 이러이러한 일을 해결해 주겠다."라고 했을 수도 있다. 그 사람은 교장선생님의 말이니 "예 알겠습니다." 하고 기다리고 있다가 교장 말 중에 조금이라도 나쁜 뜻이 숨어 있으면 약속을 지키기 위해 교장실로 가서 말을 하거나 아니면 전화로 말을 하고 대가를 기대했을 것이다. 교장선생님은 다음 소식을 위해 대가를 지불했을 것이다.

어떤 선생님은 담임을 하면서 힘없고 비밀을 유지할 수 있는 내 편이다 싶은 학생을 적당히 골라 담배 피우는 학생, 점심시간에 교실에서 동전 치기 하는 학생, 학교 밖에서 술 먹는 학생, 오락실 가는 학생들 이름을 적어 살짝 내 책상 위에 올려놓으라고 시키는 선생님이 있었다. 그 선생님은 그 학생의 비밀을 지켜 주기 위해 참고서를 주거나 은밀히 불러 자장면을 사 주었다. 그러다 뒷좌석에 앉아 있는 키 큰 학생에게 발각되어 곤혹을 치르는 것을 보았다.

학교를 경영하는 교장선생님의 방법도 선생님들이 학급을 경영하는 방법과 같아서 여러 방법이 있을 것이다. 하물며 나라를 경영하는 사람들이야 말해서 무엇 하겠는가?

내가 X맨을 찾기 위해 실험을 하는 것과 스파이를 잡기 위해 특수 기관을 만드는 것과 무슨 차이가 있겠는가? 세상만사 모두가 아이들 장난 같아 웃음이 절로 나오는 오후이다.

04 공문기안

초임교사 시절 처음으로 공문을 기안하는 날이었다. 교장 선생님이 출장을 가신다면서 오늘까지 보고할 공문을 주면 가지고 가겠다고 했다. 30여 년 전이니 그때는 펜으로 아무것도 쓰여 있지 않는 누런 갱지에 직접 공문을 작성하던 시절이었다. 갱지에다 자로 줄을 그어 칸을 만들고 숫자와 글씨를 쓰는 공문이었는데, 처음 작성한다는 당황스러움과 익숙하지 못한 솜씨로 줄이 삐뚤고 글씨가 되지 않아 한참을 씨름했다. 작성을 하고 보니 이것은 공문이 아니라 아이들이 장난을 한 글씨 같아 무척 당혹스러웠던 기억이 난다.

조금 전 기간제로 근무하시는 선생님이 워드로 공문을 작성해서 가지고 왔다. 깨끗이 작성하여 왔는데 결재대도 없이 손에 공문을 들고 왔다. 내 결재대에 공문을 넣고 사인을 하려고 보니 빠진 것이 있어 미리 양해를 구했다.

"죄송합니다. 숫자가 잘못되었는데 고치겠습니다. 배운다 생각하고, 공문을 기안하는 연습을 한다고 생각하십시오."

하고 몇 자 고쳐 주었다. 그는 기안문을 이번에는 결재대에 넣어 가지고 왔다. 결재란에 내가 사인해야 하는 난이 잘못되어 다시 고치라고 하려니 미안하여 내가 고쳐서 사인을 했더니 또 고쳐서 다시 인쇄를 하여 왔다. 내가 미안하여 안절부절못했다. 혹시 짜증이라도 내면 어떻게 하나, 그러다 대들기라도 한다면 어떻게 대처해야 하나 무척 고민을 했다.

지금이야 양식에 따라 워드로 작성하여 전자문서로 보내니 잠깐 클릭만 하면 공문이 발송되지만 내 초임 시절에는 아무것도 없는 백지에 작성한 공문을 인편으로 가지고 갔다. 출장 가는 사람이 없으면 고용직 아저씨가 직접 가지고 갔다. 가지고 갈 때 공문을 접수했다는 확인을 받는 수첩도 함께 가지고 갔다.

불현듯 30여 년 전을 생각하니 인생무상인 것 같아 교무실에 앉아 있을 수가 없었다. 잠시 밖에 나가 담배라도 피우고 싶었다. 초임교사 시절 그 교장선생님도 오늘의 내 심정이었을까? 그때 내가 당황한 만큼 이분도 당황했을까? 가슴이 시려 와서 견딜 수 없다.

교정의 봄

봄을 알리는 새싹 중에 가장 먼저 잎이 튼실하게 돋아나는 것 중에 하나가 상사화가 아닐까 한다. 상사화는 잎이 돋아날 때 땅이 먼저 솟아오른다. 두더지가 지나간 자리 같아 의심을 하고 며칠이 지나면 곧 노란 새싹이 뭉치로 올라온다. 노란색이 푸른색으로 곧 변한다. 푸른색이 짙다 싶으면 여기저기서 고개를 내민다. 이때쯤이면 목련, 매화, 벚나무, 개나리, 산수유, 진달래, 박태기 등이 꽃과 잎을 피울 준비를 한다.

우리학교의 봄은 다른 곳보다 늦은 편이다. 교정이 산 밑에 위치하여 음지이기도 하지만 이곳 의성이 겨울에는 봉화 춘양과 비슷한 기온 때문이기도 하다.

몇 년 전에 어느 분이 개량된 패랭이 씨를 가져와 화단이 온통 패랭이 꽃이어서 보기에 좋았는데, 한 3년이 지나니 겨울에 모두 죽고 새싹이 나오지 않아 무척 애석하다. 여러 가지 색으로 피어나는 개량 패랭이는 석죽화라고 하는 야생 패랭이와 비슷하기는 해도 꽃잎이 많아 패랭이라고 보기 힘든 아름다운 꽃이다. 꽃잎과 잎을 하나하나 뜯어 보면 야생 패랭이와 같은데, 전체를 보면 다른 종인 것같이 개량된 꽃이었다. 그런데 화단에는 개량 패랭이 대신에 씀바귀가 뾰족이 고개를 내밀었다. 그것도 한두 개가 아니고 화단 여기저기에 시위를 하듯이 돋아났다.

봄을 준비하느라 금년에도 학생들의 체험학습장으로 채전을 백 평 남짓 일구었다. 아직 손이 시린데 상추, 파, 배추, 무, 쑥갓 등 씨를 구해 왔다. 밭을 일구기 전에 거름을 손수레로 퍼 나르고 밑 비료를 치고 또 며칠이 지나서 삽으로 정성스레 이랑을 만들었다. 이랑을 만드는 작은 손들이 손을 호호 불며 새싹이 예쁘게 나오는 것을 상상하며 꿈에 부풀었다.

언덕 위 고목이 된 살구나무에서 연분홍 꿈을 환하게 매달고, 운동장 벚꽃이 꽃망울을 터트리면 개나리 노란 꽃이 흐드러지게 핀다.

새내기 일 학년이 환경에 적응했는지 조심스럽던 발걸음 소리가 커지고 목소리가 커져 교실이 소란스러워지면 교정의 봄은 소리 없이 찾아온 것이다.

06 차 한 잔

출근을 하면 커피포트에 물을 올려놓고 전기 코드부터 꽂는 것이 습관처럼 굳어져 있었다. 지난 3년간 차를 끓이는 물을 준비하는 것은 출근하자마자 찻잔을 챙기는 분들에 대한 작은 배려라고 굳이 변명을 하고 싶다.

나는 차(茶) 문화에 길들여지지 않은 뭣골 사람이다. 식사하고 숭늉 마시는 것이 전부였던 나는 자라서도 차(특히 커피)에 대한 좋지 못한 생각을 가지고 있어 친해지기가 어려웠다. 다방에서 커피를 홀짝거리는 분들을 보면 "차라리 그 돈으로 막걸리나 마시지." 하며 투덜거리기 일쑤였다. 차에 길들여지지 못한 것이 결코 자랑은 아니다. 모임에서 모두 커피를 시켜도 나는 아무 소리 없이 앉아 있다 보면 다른 분들이 짓궂게 무엇을 시키겠냐고 하면 나는 마지못해 '녹차'라고 짧게 말한다. 사실 커피에 대한 거부감은 있었지만 주면 먹던 시절이 있었다. 그러다 발에 이상이 생겨 약을 먹다 보니, 아침에 약을 먹고 바로 커피를 마셔 보니 간에 부담이 갔는지 얼굴이 붉어지며 술 취한 사람같이 화끈거렸다. 그 후 커피에 대한 반감이 더 커져 갔고 급기야 피치 못할 사정이 아니면 커피는 안 마셨다.

직원회의를 끝내고 앉으려는데 젊은 선생님이 갑자기 일어서더니 "건의할 말 있습니다."라고 외쳤다. 모두 의아해서 멍하니 있는데 그는 이어서 "지금까지 교무실 차는 친목회 돈으로 샀는데 학교 돈으로 사 주면 안 됩니까?" 하고는 앉아 버렸다. 교장선생님은 한 대 맞은 기분으로 "무슨 소리야! 차는 학교에서 샀는데." 평소 친목회 돈을 거두어서 한 달에 10만 원 정도 차를 사는 데 투자를 한 것을 알기 때문이다. 몇 명 되지 않는 직원들의 친목회비에서 10만 원은 적은 돈이 아니다. 그렇다고 모두 차를 즐기는 것도 아니고 열 명 중 한두 명만 먹는 차를 말이다. "차는 친목회에서 산 것이 맞습니다." 내 말에 교장선생님은 뒤통수까지 맞고 나니 정신이 없었는지, 아니면 믿었던 나까지 선생님들과 한통속이 된 것이 기분이 나빴는지 교무실 출입문을 나서고 있었다. 나는 행정실장과 교장선생님을 향해 "학교 돈으로 사는 것이 좋을 듯합니다." 했더니 바로 답이 왔다. "지금까지 학교에서 산 줄 알았는데, 앞으로 학교에서 삽시다." 하며 교장선생님이 행정실장을 보고 동의를 구했다. 행정실장도 "그럽시다." 하고 출입문 밖으로 나가 버렸다. 나는 건의를 한 선생님을 보고 "오늘 한 건 했습니다." 하며 웃어 주었다. 그도 "잘했지요?" 하며 웃었다. 아침 햇살이 비치는 교무실 창가에 웃음꽃이 피기 시작했다.

향나무에 반창고를

아침 수업을 마치고 복도를 지나 계단을 내려오는데 교장 선생님이 전에 없이 작업용 장갑을 끼고 뒤뜰로 가고 있었다. 오늘은 무척 힘든 작업을 하시는 모양이다 하고 교무실에 들어왔다. 1교시 시작을 알리는 종이 울리고 시간표를 보니 마침 수업이 없었다. 담배나 한 대 피울까 하고 뒤뜰로 슬슬 걸어가 보니 거기에는 진풍경이 벌어지고 있었다.

지난 가을이던가? 학교아저씨가 낑낑거리며 큰 향나무 한 그루를 차에서 내렸다. 향나무는 밑둥치 둘레가 두 손으로 쥐고도 한 뼘 정도 남는 큰 나무였다. 키는 그리 크지 않았으나 어른 키는 훨씬 넘고 있었다.

교장선생님은 씩 웃으며 어제 퇴근을 하면서 낚시터를 탐색할까 하고 어느 마을을 지나가게 되었는데, 노인회관 우물가에 서 있는 향나무를 발견했다고 한다. 한눈에 마음에 드는 나무여서 돈을 조금 주고 캐 왔다고 했다. 학교에 있는 향나무와 다른 종류로 보여 학교를 가꾸는 마음이 대단하심을 알고 존경해 마지않았다.

며칠이 지나자 나무에는 낙엽을 긁어 넣고, 물을 주고,

영양제도 주었다. 흙도 긁어모아 주변의 나무들이 질투를
할 정도로 정성을 다했다. 눈이 오자 얼어 죽지 말라고 나
무에 보온대도 둘러 주었다.

봄이 왔다. 향나무는 다른 나무들보다 푸른색을 진하게
띠고 새로운 가지와 잎을 키워 내고 있었다. 정성을 들인
보람이 있었다. 너무 큰 나무라 죽으면 어떻게 하나 노심초
사하시는 교장선생님의 얼굴을 그려 보게 되었다.

개나리가 피는가 싶더니 진달래가 지고, 철쭉이 피는 어
느 날이었다. 누가 그랬는지 나무는 볼품없이 잘려 나가고
말았다. 있어야 할 가지가 반은 잘려 나가고 가지도 듬성듬
성 전지가위 흔적이 보였다. 보기에도 민망할 정도였다. 마
치 털 빠진 개 같은 형상을 하고 있었다. 나는 무슨 큰일
이나 난 것처럼 교무실로 교장실로 떠들고 다녔다. 누가 그
랬는지 향나무를 망쳐 놓았다고 난리를 피웠다. 그런데 정
작 정성을 기울였던 교장선생님은 빙그레 웃었다. 그 나무
는 "내가 그랬어요. 그래야 제 모양이 되는 것입니다." 나
는 어안이 벙벙하여 무슨 말이냐고 되물었다. 알고 보니 분
재를 하기 위한 기초 작업을 하고 있었던 것이었다.

이제 여름이 왔다. 산과 들에는 신록으로 덮여 있었다.
그런데 뒤뜰의 향나무는 엉성한 가지 몇 개만 남기고 또
잘려 나갔다. 큰 뿌리에 조금의 가지만 달고 서 있는 모습
이 무척 이상했다. 다른 정원수들과 비교하면 '말난 장에

소가 난’ 것 같았다. 또 영양제를 주었는지 나무의 밑둥치는 물에 젖어 있었다. 나는 너무 안타까워 나뭇잎을 따고 있는 교장선생님께 앞으로 향나무를 어떻게 할 것인지 물었다. 그는 잘려 나간 큰 가지는 톱과 칼로 잘 다듬어 뼈대를 만들고, 가지는 밑으로 휘어야 하고, 잎은 더 따내고, 뿌리도 잘라서 분에 담을 수 있도록 하면 한국 최고의 분재가 된다고 했다.

반팔을 입었지만 아침에도 훈기가 느껴지는 오늘 아침이다. 작업용 장갑을 낀 교장선생님이 교무실로 들어왔다. 테이프를 달라고 하더니 조금 후에 반창고를 달라고 했다. 나는 궁금증이 일어 뒤를 따라가 보았다. 역시 그 향나무에 갔다. 향나무는 위로 뻗어야 할 가지가 아래로 하염없이 처져 있었다. 자세히 보니 철사가 동여 매여 있었다. 이제 하늘을 향하는 것이 추억이 되어 버린 향나무 가지가 힘없이 아래로 늘어뜨리고 있었다. 반창고는 어느 한 가지에 심하게 압박을 받으며 동여매어지고 있었다. 가지를 휘다가 부러졌다는 것이다. ‘요오드 액은 필요 없느냐’ 했더니 ‘이렇게 반창고로 감아야만 부러진 가지가 붙는다’고 했다.

여기는 학생들을 가르치는 곳이다. 우리 어른들은 그동안 학생들을 교칙에 집어넣고 그대로 행하도록 가르쳐 왔다. 마치 저 향나무처럼 말이다. 학생들의 의사와는 상관없이 어른들이 요구하는 틀을 너무나 고집해 왔다. 학생들의 특기나 적성을 무시한 채 공부만 강요하고 학교를 다녀야만 인간이 되는 것처럼 해 왔다. 학교라는 제도가 적성에 맞지 않는 학생들도 처음부터 다른 길을 가도록 한다는 것은 생각하지도 못한 채 말이다. 공부가 싫다는데 학교를 보내야 하는 부모들, 공부가 싫으면 처음부터 하고 싶은 일을 시켜 생산 현장에서 또는 연구를 하도록, 특기와 적성을 키우도록 할 수는 없을까 하는 생각이다. 이 것은 30년을 교직에 종사해 오면서 하루도 변하지 않는 생각이다.

나무의 입장에서 보면 자연 상태에서 그 우물가에서 크는 것이 가장 행복할 것이다. 사람들이 보기에 좋으라고 인위적으로 캐 와서 가지를 다듬고 뿌리를 자르는 것은 나무를 불행하게 하는 것이다. 학생도 마찬가지이다. 분재를 하듯 교칙이라는 틀에 맞추면 훌륭한 인재로 성장하기를 기대하겠지만 만에 하나 사회의 악이 될 수도 있지 않을까? 우리 교육은 그런 오류를 범하고 있는지 생각해 볼 일이다.

08 학교 풍경

고속도로와 인접해 있는 학교가 우리 학교이다. 학교 측면인 서쪽 벽이 고속도로와 정면으로 보고 있어 벽에 '안평중학교'라고 1미터 정도의 글씨로 써 붙여 놓았는데도, 도로를 지나가다 보면 글자가 선명하게 보일 정도로 가깝다. 도로와 학교 사이에는 아무런 장애물이 없다. 그 사이에는 지방도로와 작은 개울이 있고 논이 있을 뿐이다. 논에는 마늘을 심고 추수하면 벼를 심는다. 고속도로가 높고 학교 건물이 높게 있다 보니 그런 것들은 저 밑 발아래에 엎드려 있을 뿐 장애물이 되지 않는다. 중앙고속도로는 북쪽으로 원주에서 영동고속도로와 이어지고 남쪽으로 대구에서 경부고속도로와 이어지는 도로이다. 달리는 차들의 속도를 교정에서도 추측할 수 있다. 다행히 속도 측정기가 있어 안전속도를 유지하게 되어 소음도 별로 없다.

학교 건물은 뒤쪽이 북쪽이고 앞쪽이 안평면 소재지 쪽인 동남쪽이다. 비스듬히 서 있는 건물은 새로 단장을 하여 멀리서 보면 학교 건물 이상으로 아름답다. 건물 뒤에는 테니스장이 2개 있고 골프연습장이 있고 농구장이 덩그렇게 있다. 뒤뜰의 정원에는 향나무를 비롯한 사철나무와 화단이 넓게 조성되어 있어 지나가는 사람들의 부러움을 산다. 스쿨버스가 서 있는 날은 노란색이 건물과 어울려 한 폭의 그림 같다. 건물 동쪽에는 산이 비스듬히 있는데 가파른 산을 올라가려면 둑 위의 밭을 지나 자두 과수원을 지나야 한다. 자두꽃이 피는 봄날이 되면 꽃이 만발하고 여름이 되면 빨간 자두가 주렁주렁 열린다.

건물 앞에는 뒤뜰과 같은 화단이 조성되어 있고 화단 앞에는 운동장으로 들어가는 시멘트 스탠드가 있는데 스탠드 위로 잣나무의 고목이 있다. 그 고목 사이로 모란과 장미가 흐드러지게 핀다. 또 화단과 시멘트 스탠드 사이에 자갈을 깔아 놓은 오솔길이 있는데 비가 올 때는 흙을 밟지 않아도 되는 우천도로 역할을 한다. 운동장 동쪽에는 벚나무 동산이 있는데 '날로 새롭게'라는 글씨가 큰 돌에 새겨져 있다. 작은 수로가 스탠드와 스탠드 사이에 있는데 그 수로에는 여름이면 미꾸라지가 헤엄쳐 다니기도 한다. 스탠드 위에는 봄이면 개나리가 만발하게 피고, 개나리 사이에 학교 역사와 맞먹는 살구나무 고목이 학교건물을 내려다보고 있다.

운동장 남쪽에는 개나리 울타리가 있는데 키가 너무 자라 전지를 하였는데 마치 인조 담장을 한 것처럼 정렬되어 있다. 개나리 울타리 너머에는 지방도로가 길게 나 있는데 운동장이 다행히 도로와 3미터 정도 차이가 있고 운동장과 도로 사이에 교실로 통하는 시멘트로 만든 우천도로가 있다. 우천도로와 운동장 사이에 잣나무가 빽빽이 자라고 있어 학생들이 위험에 빠질 염려는 없다. 운동장은 마사토를 넣어 다졌기 때문에 비가 와도 그치면 금방 축구를 할 수 있다.

교문은 운동장 건물 동남쪽 그러니까 현관에서 보면 정면에 있는데 그 옆에는 자전거 거치대가 있어 학생들이 자전거를 세워 두고 수시로 이용한다. 체육기구 창고는 남서쪽에 있어 건물배치의 균형을 잡아 주는 역할을 충분히 하고 있다. 교문에서 작은 언덕 위에 있는 학교 건물을 보면 한눈에 모든 것들이 쏙 들어온다. 많은 시설들이 학교 건물 뒤뜰에 있어 건물만 보인다고 느낄 수도 있다.

09 화이부동(和而不同)

　　우리 학교에는 무척 예쁜 여학생들이 많다. 요즘 흔히 말하는 얼굴짱과 몸짱을 겸한 학생들이 많다. 얼굴은 나무랄 데 없이 예쁜 얼굴이다. 작고 갸름하고 눈 크고 쌍꺼풀 졌고, 눈썹 짙고, 코 오뚝하고, 피부 희고, 머릿결 차름하고, 손발 작고 통통하고, 키 크고 날씬하고……

　　그런데 타인을 배제하는 성격이 문제이다. 톡톡 쏘는 것이 귀엽다고 느꼈는데 입학하고 지금까지 작게는 1년 많게는 3년을 지켜보았는데 변함이 없다. 부정적인 성격이라고 하면 적당한 표현인 것 같다. 타인을 인정하지 못하고, 말을 걸면 첫말이 "왜요!"이다. 그리고 눈을 바로 뜨고 대들듯이 상대를 노려본다. 아주 질리게 만든다. 친한 학생이 없다. 친오빠도 함께 다녔는데 오빠에게도 대들고 선생님에게는 말할 것도 없고 집안 부모님도 두 손을 들어야 한다고 하니 알 만한 일이다.

　　남녀 공학이라 남학생에게 물어보면 모두 싸워 이긴다는 사람이 없다. 진다는 표현을 쓴다. 본인은 톡 쏘며 한마디 한다. "왜요. 나하고 싸워 본 사람이 없는데!" 그리고 새침

하게 앉아 책을 본다. 성격이 모가 났다는 말을 하고 싶어서 장황하게 쓴 것이다.

한편 생각하면 저 얼굴과 몸매에 성격마저 좋다면 얼마나 좋을까 하다가 그것은 아닐 것이라는 생각이 들기 시작했다. 성격마저 좋다면 저 학생은 살아가기 힘들 것이란 생각이 들었기 때문이다. 어느 남자가 가만히 두겠는가. 톡톡 쏘고 부정적이다 보니 옆에는 사람이 없고 그러다 보니 모두가 예외를 인정하는 눈치였다. 초등학교부터 같은 반을 했으니 그들도 10년 가까이 지낸 사이라 알 것은 모두 아는 것이다.

조물주는 인간을 만들 때 공평하게 만드는 모양이다. 외모가 빠지면 성격이 좋고, 외모가 뛰어나면 성격을 모나게 만들고, 신체가 불편하면 정신을 강화하려고 두뇌를 명석하게 만들고 이도 저도 아니면 수명으로, 부로, 명예로, 가족 관계로, 주위 친구 관계로 어떻게 하든지 공평하게 만들고야 마는 것이 조물주인 것 같다.

그 여학생의 성격이 타고난 성격도 있겠지만 가난한 농촌, 농부의 딸로 태어난 것도 한몫 하지 않았나 싶다. 그렇다고 다 그런 것은 아니고 보면 주위 환경과 타고난 성격이 조화를 하지 못함에서 오는 것 같기도 하다.

화이부동, "다른 사람과 화합은 하되 같지는 마라."는 논어의 가르침은 이럴 때 적용해도 무리가 되지 않는 말이다.

특히 경영자가 새겨들어야 하고, 부정적인 성격 중에 다른
사람과 어울리지 못하는 사람들은 꼭 들어야 할 말이 아닌
가 한다.

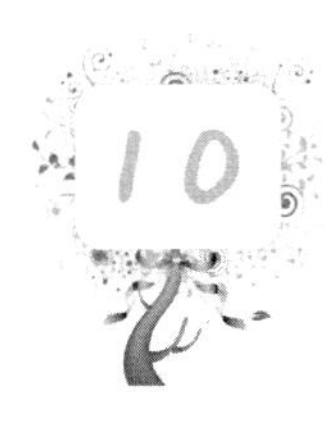

선생님! 너무 착해요

교육청에 출장을 갔다가 일찍 마치는 관계로 시간이 있어 집으로 가는 것보다 학교로 가서 밀린 일을 하는 것이 낫다고 판단되어 학교로 오는 길이다(어떤 사람들은 출장을 가면 집에 갈 일이지 학교는 무슨, 하고 딱하다는 표정을 짓기도 한다.). 고개를 넘자 할머니 한 분이 무거운 짐을 옆에 두고 길에 서 있었다. 내 차를 보자 한 손을 들더니 두 손을 들고 상하로 흔들다가 더 가까이 오자 좌우상하로 흔들었다. 나는 급한 일이 있는 것도 아니고 하여 차를 세워 그 할머니를 태웠다. 무척 힘이 들어 보였다. 내가 차를 출발시키는데 뒤에 차가 와서 멈추는 듯하다가 슬며시 옆으로 지나쳤다. 그 차의 창문이 열리는가 싶더니 우리 학생들의 얼굴이 쏙 나오며 외치기 시작했다.

"선생님! 너무 착해요."

아마 육상대회에 나갔다가 돌아오는 길인 듯했다. 나도 창문을 열고 한마디 했다.

"이놈들아, 선생님께 착하다는 말은 적절치 않아."

그리고는 씩 웃어 주었다.

학교에 오니 그 차에 탔던 체육선생님이 차 안에서 일어났던 일들을 이야기해 주었다. 차에는 육상부 여러 명이 탔는데 모든 학생들이 "국어선생님 무척 착해!" 라고 했다는 것이다.

수업을 마치고 나오는 사회 선생님이 의자에 앉으며

"우리 아이들이 너무 착해요."

그는 교실에 들어가서 과제 검사를 하려고 했는데 1학년 4명 중 한 명이 과제를 가지고 오지 않았는지 아니면 하지 않았는지 계속 책상 속을 뒤적거리더라는 것이다. 그러자 다른 세 명이 선생님의 눈치도 아랑곳하지 않고 그 학생의 책상은 물론 사물함을 뒤져 가며 같이 찾다가 없으니 모두 자기 책상까지 뒤지며 한바탕 야단법석을 떨더라는 것이다. 보다 못한 선생님이 찾아 주려고 하는 마음이 너무 착하여 검사를 하지 않겠다고 했다고 한다. 그러다 수업을 마칠 때쯤 되어 그 학생이 기어이 숙제를 찾아 검사를 하더라는 것이다.

그러자 수학 선생님이 한마디 거들었다.

"나도 수업시간에 피곤하다니까. 2학년 열 명 모두가 자기 일처럼 선생님 힘들지요 하며 걱정을 하더라."

그러자 다른 선생님들도 한두 마디씩 거들었는데 한결같이 우리 학생들이 착하다는 것이다.

우리 학교 학생들은 학년 구분이 없다. 축구를 하려면

전교 남학생 17명이 모두 해야 하기 때문인지 1학년이 3학년 교실에서 뒹굴고 노는가 하면 2학년도 1학년 교실에 가서 숙제를 도와준다. 싸우는 것을 본 일이 없고, 청소 당번을 별도로 정하지 않아도 누가 먼저랄 것도 없이 청소시간만 되면 일사분란하게 청소를 한다.

착한 사람만이 착한 사람을 볼 수 있는 것은 아닐까?

안평이라는 지역이 일가친척끼리 모여 사는 다정한 곳이라 그런지 아니면 천성이 착해서 그런지 그도 아니면 교육의 힘이 그렇게 만들었는지 알 수는 없지만 착한 것은 분명하다.

뿌리 내리지 못한 고추

우리 학교에는 화단 가운데 향나무가 듬성듬성 있다. 그 향나무 사이에 누가 심었는지 고추를 심었다. 온 동네가 고추를 심느라 야단법석을 하고, 그리고 한참 지나서 고추를 심은 것 같다. 아마 모두 고추를 심고 남은 모종을 주워 심은 것 같았다. 그것은 줄기도 작지만 잎도 몇 개 없는 아주 볼품없는 고추이기 때문이다. 심고 며칠이 지났는데도 뿌리가 내리지 않았는지 잎은 점점 노란색으로 변하고 그마저 적게 난 잎은 뿌리 근처에는 말라서 떨어지고 있었다. 그런데 이상한 현상이 생겼다. 모든 고추나무가 고추를 하나씩 달고 있었다. 꽃도 피는 것을 본 적이 없는데 언제 고추 열매를 준비했는지 모든 나무가 하나같이 고추를 달고 가냘프게 몸을 비스듬히 하고 억지로 서 있었다. 마치 먹지 못해 허기져서 눈동자가 하얗게 변한 산모와 같은 형태를 하고 있었다.

제 몸 하나도 뿌리를 내리지 못해 주체하지 못하면서 고추를 달고 모든 영양을 열매에 주고 있는 고추나무를 보자 불현듯 우리 인간살이라는 생각이 든다. 흉년이 들면 부모는 굶어서 죽고 아이는 배가 터져서 죽는다는 말이 생각났기 때문만은 아니다. 직장이 없어 당장 의식주가 해결되지 못했던 우리 민족의 과거가 떠오른다. 먹을 것이 없어 소나무 껍질을 먹고 칡뿌리를 캐 먹어도 자식만은 무척 많이 낳아 한 집에 10남매는 보통이었던 시절 말이다. 자식은 제 먹을 것을 가지고 태어난다면서 그렇게 자식에 집착했던 우리 민족의 과거는 정녕 고추나무의 형태가 아니었나 싶다. 그러다 자식을 적게 낳자고, 둘도 많다고, 하나만 낳자고, 온 국력을 경제 개발에 쏟아부어 배고픔을 이겨 보려는 시절이 있었다.

오늘 불현듯 뿌리를 내리지 못해 잎이 타 들어가는 고추나무를 보며 그래도 종족은 보존해야겠다는 집념으로 자기 몸을 희생하는 부모의 마음을 보는 것 같아 가슴이 아프다. 이러고 있을 때가 아니다. 타 들어가는 목을 축여 주어야겠다. 그리고 뿌리가 내리면 비료라도 주어야겠다. 마치 학생들에게 글을 가르치고 예의를 가르치고 바른 인성을 갖도록 하는 것과 같은 마음으로.

# 12 학생들은 체험학습 가고

    학생들이 현장체험학습 가는 날이다. 아침 8시에 출발한다는 말을 듣고 평소와 같이 7시 50분에 출근을 했다. 전교생 27명이 버스를 대절하여 1박 2일로 외도 등을 수학여행 겸 가는 날이다. 우리학교는 행정실 3명과 특수보조교사, 교무보조, 기간제 교사, 파견교사, 정식교사 5명, 교장선생님 이렇게 14명이다. 보통 소풍을 가면 선생님들은 모두 가야 하는데 이번 행사는 출장비가 많이 들어 담임 3명과 학생부장, 특수보조교사 5명만 가게 되었다. 모든 인원이 제시간에 출근을 했는데, 학생 한 명이 오지 않아 속을 태웠다. 한참 후 늦잠을 자다 놀라 뛰어오는 모습이 운동장 저쪽에 보이자 모두 박수를 쳤다. 학생들은 제시간에 출발하고 따라 나온 학부형들 몇 명은 교무실에서 차를 마셨다.

    학생들이 없는 교정은 쓸쓸하기만 했다. 교무실에 남은 교사들 4명과 교무보조는 업무를 처리하느라 책상 앞에 앉아 끙끙대고 있었다.

    점심시간이 가까워 왔다. 학생들이 없으니 초등학교에서 오던 밥차도 오지 않았다. 모두 음식을 시킨다며 주문을 받앉다. 콩국수로 통일하기로 하고 여덟 그릇을 시켰다. 식사가 배달되자 모두 눈치만 봤다. 어떤 사람들은 피해서 화장실에 가기도 했다. 누가 밥값을 내느냐가 문제였다. 그러자 얼마 전 병가를 내었던 선생님이 선뜻 밥값을 주었다. 교장선생님은 혼자 내면 어떻게 하느냐며 몹시 당황했다. 다른 선생님들도 늦게 내게 된 자신들을 자책하는 눈치였다.

첫날은 그렇게 점심 전쟁을 치렀다. 다음 날도 정상 출근을 했다. 학생이 없다고 출근을 하지 않는 것도 이상하지만 학교에 와도 보통 때보다 바쁘지는 않았다.

점심시간이 가까워 왔다. 어제와 같이 누가 점심을 내면 쉽게 해결이 될 텐데 오늘은 그렇지 못했다. 점심시간이 되자 교장선생님은 기관장 회의에 간다며 가 버렸다. 행정실 2명은 아무 말 없이 사무를 보았고 교무실 4명은 서로 눈치만 봤다. 12시 반에 점심을 먹는데 13시가 되어도 그러고 있었다. 그러자 첫날 조금 늦게 온 김선생님이 나에게 점심을 내라고 했다. 나는 "누가 내라고 하면 내기 싫다."며 그에게 눈치를 주었다. 그러자 미술선생님이 "각자 내서 먹지요." 했다. 어제 밥값을 낸 선생님은 난처한 듯 눈만 껌벅였다. 미술선생님은 "교무부장님은 내가 낼 테니 각자 내고 시킵시다." 하고 전화번호부를 찾았다. 나는 모두 어떻게 하나 하고 내심 지켜보고 있을 작정이었다. 김선생님이 내는 것이 당연하다는 것은 누구나 아는 사실이다. 왜냐

하면 그는 한 번도 점심값을 낸 적이 없기 때문이다.

　나는 김선생님이 어떻게 하나 싶어 "김선생님만 제외하고 모두 제가 냅니다." 하자 미술선생님도 내 말 뜻을 알았는지 "부장님 고맙습니다."라고 하자 모두 긍정한다는 듯이 고개를 끄덕였으나 김선생님은 벌레 씹은 인상으로 말을 아끼는 눈치였다. 행정실에 인터폰을 해서 무엇을 먹었으면 좋을지 주문을 받았다. 교무실에서도 주문이 끝나자 나는 수화기를 들고 식당에 전화를 했다. 김선생님만 빼고 말이다. 그때까지 김선생님은 아무런 반응을 하지 않았다. 나는 밖에 나가 내 핸드폰으로 식당에 새로 전화를 했다. 음식을 하나 더 추가한 것이다. 그러고 교무실에 들어오니 김선생님은 가방을 챙기고 있었다. 조금 후 내 옆으로 오더니 조퇴를 하겠다고 했다. 나는 왜 조퇴를 하느냐고 했더니 집에 가서 식사를 해야 하기 때문이라는 황당한 답을 해 왔다. 나는 더 놀리고 싶었으나 그러고 싶지 않았다. '점심을 시켜 놨으니 조퇴 할 필요가 없다'고 하자 김선생님은 '분명 내 것은 시키지 않았는데 무슨 소리냐'며 의미 심장하게 웃었다. '조금 후에 밥이 오면 알 것'이라고 하자 그는 "만약에 밥이 모자라면 부장님 밥을 주어야 합니다. 그리고 내일은 부장님 빼고 제가 밥을 사겠습니다."

 목에 생선가시가 걸리면

교무실에 근무하는 분은 교사 여덟 명과 교무보조, 특수보조를 합하여 열 명이다. 교감이 없는 관계로 평소에도 아주 자연스럽게 자기 일을 알아서 하는 교무실 분위기이다. 주로 교장실에서 근무하는 교장선생님은 교무실에 자주 오는 편은 아니지만 교무실에 오면 어쩐지 하던 대화도 하지 않는 것이 어느 집단이나 마찬가지이다. 어떤 기관이라도 장이라는 자리는 직원들이 조금 거북해하는 것 같다. 그것은 함께하는 시간이 부족해서, 무슨 일이나 시키는 사람이니, 함부로 마음을 드러내지 못하여, 같은 직위가 아니므로 등의 이유가 있을 것이다. 오늘은 학교장이 출장을 가고 출근을 하지 않는 날이다. 전에도 그런 날은 한 달에 한두 번 있지만 오늘은 토요일 휴무가 있던 월요일이기 때문에 매일 만나던 직원들이 일요일을 합하여 이틀 동안 보지 못해 할 말이 많은 날이기도 하다. 3교시를 마치고 4교시가 시작되자 교무실에 남은 사람들끼리 잡담이 시작되었다. 화제가 어쩌다 생선뼈가 목에 걸렸을 때 어떻게 하면 좋으냐는 것이었다.

한 사람은 목에 가시가 걸리면 쌈을 싸서 먹으면 깨끗이 처리된다며 자신 있게 말을 했다. 말하는 투로 보아 직접경험은 아니고 누구의 경험이나 말을 주워듣고 하는 것 같았다. 그러자 또 한 사람은 어릴 때 경험을 이야기했다. 생선가시가 걸려 한참 꿱꿱거리고 있는데 어머니가 머리에 생선가시를 얹어 주었는데 금방 가시가 목구멍으로 넘어가더라고 했다. 그러자 옆에 있던 분이 또 경험담을 이야기했다. 참기름을 두어 숟가락 입에 떠 넣으니 가시가 혀에 와 있더라며 신기해했던 지난 일을 말했다. 그러자 과학적으로 말을 하는 분이 있었다. 목에 가시는 입을 벌리게 하고 핀셋으로 뽑아내면 제일이라고 했다. 그는 경험인지 아닌지 모호한 표정으로 말을 했기 때문에 긴가민가하다가 그럴 듯하여 고개를 끄덕거렸다.

나도 어릴 때 생선가시가 목에 걸렸던 적이 있었다. 어머니에게도 말을 하지 않고 혼자 꿱꿱거리다 잠이 들었다. 잠을 자고 일어나니 가시가 말끔히 없어졌다. 그 경험을 이야기했더니 모두 웃었다. 그러면서 평소의 나다운 발상이라며 믿지 않았다. 그러다 또 한마디 했다. 그것은 경험에서 나온 말이었다. 시골에서 근무할 당시 동료 중에 물고기를 잘 잡는 분이 있었는데 매운탕을 먹으면 꼭 하는 말이 있었다. '입술을 떼지 말고 씹으면 절대로 가시에 걸리는 일이 없다'고 했다. 정말 그렇게 하니 가시까지 씹을 수 있었고 가시가 목에 걸리는 일이 없었다. 가족들과 매운탕을 먹을 때나 회식이 있어 매운탕을 먹을 때는 꼭 그렇게 하기를 권한 적이 있었다. 그런데 이때다 싶어 '가시는 걸리지 않는 것이 좋은데, 걸리지 않으려면 입술을 붙이고 먹어야 한다'고 내가 한마디 했다. 모두 그런가 하고 고개를 끄덕이는데 특수 보조 선생님이 웃으며 한마디 했다. "말하지 말고 먹으라는 뜻이지요, 잡담하지 말고 음식만 먹으라는 말이지요."라고 했다. 평소에도 그는 내 말을 다른 방향으로 이해하는 몇 사람 중에 한 사람이다. 내가 평소 말에 비유법을 쓰는 탓도 있겠지만 분명 다른 뜻이 있을 거라는 그들 나름대로 선입견 때문이 아닌가 한다. 정말 과학적으로 경험으로 꼭꼭 씹어 먹어야 한다는 의미도 있는, 경험에 의한 진담인데 그렇게 곡해를 하니 웃을 수밖에 없었다.

특수 보조 선생님은 점심시간에도 다른 사람에게 내 말을 인용하며 설명을 해 주었는데 그는 내 말의 의도를 알게 되어 무척 기쁘다는 뜻을 담고 이야기를 했다. 평소에 내 말에 당한 적이 몇 번 있었던 그녀이기에 더욱 그러했다.

점심 식사 시간에 갈치가 반찬으로 올라왔다. 나는 미소를 지으며 가시가 있는 반찬을 먹을 때는 입술을 붙이고 먹으라고 하자 모두 웃었다. 그런데 여학생 한명이 급하게 교무실로 왔다. '김보미가 갈치를 먹다가 가시에 걸렸다'며 울상을 지었다. 모두 전문가라 생각했는데 아무 말도 하지 않고 있었다. 여학생의 상태를 보니 심각한 것 같았다. 그러자 특수 보조 선생님이 참기름을 먹이고 목구멍을 들여다보았다. 가시는 보이지 않는다고 했다. 이번에는 쌈을 권하는 사람도 있었는데 그 학생은 먹지 않았다. 그러자 나는 입술을 다물고 씹지 않고 옆 사람과 잡담을 하면서 먹었으니 그렇다고 나무랐다. 학생의 고통을 보다 못한 담임선생님은 보미를 보건소에 데리고 갔다.

다음 날 보미가 학교에 왔는데 어떻게 되었느냐고 물었더니 "보건소에 갔더니 병원에 가라고 하여 할머니와 병원에 갔는데 내시경을 넣어 목 깊숙이 박힌 가시를 뽑아내었습니다."라고 대답했다.

14 안평지점 자두 집하장 개장

우리학교는 면소재지의 밀집지역에서 조금 떨어진 매봉산 밑에 있다. 소재지에는 면사무소, 농협단위조합, 파출소(봉양지구대 안평출장소), 우체국, 보건소, 초등학교, 주유소, 그리고 농협 창고에 자두 집하장이 있다. 그러니까 우리학교는 이런 기관들과 가장 멀리 떨어진 외진 곳에 있는 것이다.

출근을 하다가 앞차에 밀려서(밀리는 일이 장날 외에는 거의 없다) 정차 중에 심심하여 고개를 들어 위를 보았더니 보기 드문 현수막이 걸려 있었다. '안평지점 자두 집하장 개장'이라고 붉은 글씨와 남색 글씨로 쓰여 있었다. 현수막이라면 선거철에나 볼 수 있을 뿐 거의 볼 수 없는 작은 면소재지다. 그런데 현수막이 붙어 있으니 관심이 가지 않을 수가 없다.

이곳은 자두가 특산물이다. 비탈진 산기슭에도 자두나무가 비스듬히 서 있고, 고추밭에도, 마늘밭에도 자두나무가 떡 버티고 있을 정도로 자두나무가 많다. 봄이면 흰 자두꽃이 만발하고 여름이면 붉은 과일이 먹음직하게 달려 진풍경을 이룬다.

그런데 어느 날 수업을 하다가 이상한 소리를 들었다.

그 소리는 장터에서 들려왔는데 약장수 소리 같기도 하고, 과일을 사라고, 일상잡화를 사라고, 외치는 소리 같기도 했다. 수업을 하는데 그 소리가 바람의 방향을 따라 멀어졌다가 가까워졌다가 하여 방해가 되어 신경이 쓰였다. 창문을 닫고 에어컨을 켜고 수업을 하다가 그래도 궁금하여 학생들에게 물었더니 학생들은 그 소리의 정체를 이미 알고 있었다. 자두를 경매하는 소리라고 했다. 경매장이 없다가 생겼으니 학생들도 구경하러 갔던 것 같았다.

점심시간이 되어 식당에서 식사를 하고 자두 경매장 구경을 갔다. 마이크를 들고 길게 또는 짧게 발음을 하는데 무슨 소리인지 알아들을 수가 없었다. 자두 상자를 두고 빙 둘러선 사람들은 그 소리를 알아듣는지 연신 받아 적기도 하고 또는 손가락질을 하기도 하더니 자두를 옮기며 미소를 지었다. 난생처음 경매장을 구경하다 보니 무척 신기했다.

한참을 듣고 보니 조금은 알 수 있을 것 같았다. 경매하는 분이 가격을 부르고 사는 사람들이 줄 가격을 알리면 가격이 형성되는 것 같았다.

땀 흘려 자두 농사를 지어 제값을 받는 사람들의 얼굴에는 미소가 넘쳤다. 이 작은 면소재지에 집하장이 들어서고 경매를 한 것은 지난해부터라고 했는데, 가까운 안동에 가서 파는 것보다 교통비부터 절감되니 좋은 가격을 받는 것은 당연한 것 같았다.

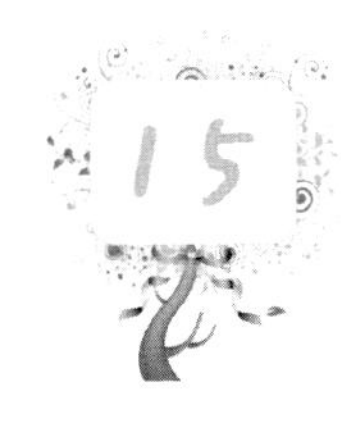

소희와 맥주

1학기 2회고사를 치는 무더운 여름이다. 하루 시험을 친 다음 날이라 가벼운 마음으로 출근을 하니 평소에 볼 수 없었던 박스가 책상 위에 놓여 있었다. 열어 보니 아직 온기가 가득한 보리빵이 담겨 있었다. 누가 가져왔을까? 분명 선생님 중에 한 분이 가져왔을 것이다. 선생님들은 떡이며 과자며 간식을 종종 가져왔다. 누가 가져왔는지 모르다가 다 먹고 나서 아는 경우도 있다.

한두 분 선생님들이 출근을 하자 모두 박스가 궁금한지 흘금흘금 바라보았다. 선생님들 모두가 출근을 하고 출처를 알아봐도 누구의 짓인지 알 수가 없었다. 그렇다고 그대로 둘 수도 없는 일이고 하여 대략 난감했다. 그때 전화가 걸려 왔다.

"우리 아이가 잘못했으니 용서해 주세요. 장난으로 그런 짓을 한 것 같습니다."

학모의 전화인데 누구의 어머니냐고 물었더니 잠시 머뭇하더니 '소희' 엄마라고 했다. 그렇다고 학교에서 다 알고 있는 일이니 용서해 달라고 하는데 새삼스럽게 전후 사정

을 물을 수도 없는 상황이었다. 대화 중에 해답이 나오겠지 하고 대화를 하는데

"그 자리에 2학년 희주도 있었는데, 모두 우리 소희만 먹었다고 우기는데 속상해 죽겠어요."

나는 태연히 학모를 유도하는 말을 했다.

"소희가 너무 많이 먹었군요."

이 말이 아마 단서를 찾는 결정적인 것이 된 것 같았다. 학모는

"소희는 맥주 3잔을 먹었고요, 희주는 4잔, 정운이와 주형이 진원이도 먹었어요."

그들이 술을 먹게 된 동기는 다음과 같았다.

4교시까지 시험을 치고 점심을 먹고 하교를 했다. 내일 시험과목을 걱정하며 집으로 향했는데 초등학교에 볼일이 있다며 1학년 여학생이 같이 가자고 했다. 초등학교에 도착하여 밖에서 놀고 있는데 2학년 여학생 한 명과 남학생 두 명이 왔다. 나무 그늘에서 쉬고 있는데 2학년 희주가 말을 했다.

"집에 가면 자두 따는 일을 하라고 하는데 어디 시원한 곳에 가서 놀다 가자."

모두 시원한 곳을 찾아가자는데 합의하고 초등학교를 나왔다. 막상 나와 보니 갈 곳이 없었다. 평소 노인들이 놀고 있는 노인회관이 궁금했는데 거기에 가면 시원할 것 같았

다. 노인회관으로 가면서 무엇을 할 것인가 고민을 했다. 1학년 소희가

"우리 맥주나 한잔하면서 텔레비전을 보며 놀자."

소희가 안평슈퍼에 들어가 맥주 두 병과 소주 한 병 그리고 과자를 사 가지고 들고 나왔다. 조금 모자라는 돈은 주형이가 보태어 주었다.

노인회관에는 방이 두 개가 있는데 한쪽 방은 노인 몇 분이 누워서 혹은 앉아서 이야기를 하며 놀고 있었다. 옆방을 보니 마침 비어 있어서 들어갔다. 맥주를 방바닥에 놓고 텔레비전을 켰다. 희주가 부엌에 가더니 컵과 쟁반을 가져왔다. 맥주를 한 잔 부어 2학년인 주형이에게 주었다. 주형이는 집에서 어른들이 하는 것처럼 맥주잔에다 소주를 부어 타서 마셨다. 모두 멍하니 주형이를 보았다. 그러자 희주가 주형이를 따라 맥주에 소주를 타서 마셨다. 다른 학생들은 소주는 독해서 못 먹는다며 맥주만 컵에 따라 마셨다. 모두 마신 술의 양을 보면 주형이가 소주 반병, 맥주 반병을, 희주가 폭탄주 세 잔을, 소희가 맥주 세 잔을, 정운이가 맥주 반잔을 마셨다. 그리고 텔레비전을 보며 이야기를 했는데 주형이는 먼 시골에 살기 때문에 차 시간이 되었다며 얼굴이 빨개져서 먼저 일어났다. 그런데 문제가 생겼다. 소희가 갑자기 쓰러져 일어나지 못했다. 얼굴이 빨개지다가 흰색이 되더니 의식이 없는 것 같았다. 걱정이 되었다. 우

선 노인회관 옆에 사는 지난해 졸업을 한 여학생을 불렀다. 모두 겁먹은 얼굴을 하고 있는데 선배가 왔지만 별다른 대책이 없었다. 모두 소희를 흔들어 깨우느라 난리법석을 피웠다. 그래도 소희는 일어나지 않았다. 겁이 덜컥 났다.

시간이 흐르자 소희네 집에 전화를 했다. 소희가 쓰러졌다고만 했다. 잠시 후 소희 아버지가 와서 방에 술병이 있는 것을 보고 상황이 판단되었는지 소희를 일으켜 세우면서 뺨을 때렸다. 그러자 소희는 정신이 드는지 방문을 향하여 토하기 시작했다.

소희 부모님은 소희가 정신이 들자 이제는 학교가 걱정이 되었다. 퇴학을 시킨다는데 하나뿐인 딸이 중학교도 졸업하지 못하고 퇴학을 당하면 어떻게 하나 밤새워 걱정을 했다. 날이 밝자 소희 어머니는 방앗간에 가서 보리떡을 주문했다. 그리고 새벽을 다투어 아무도 없는 교무실에 떡을 갖다 놓았다. 그리고 전화를 했다.

"제발 우리 딸 퇴학만 시키지 마소, 그라고 죽도록 두들겨 패 주소."

근무조

　방학이 다가오면 방학 중에 근무하는 일로 동료들 간에 이해관계가 복잡하다. 숙직과 일직이 있을 때는 서로 좋은 날(명절이 아닌 날, 볼일을 피하는 날)을 잡기 위해 바꾸기도 하고 안 바꾸어 주면 사정도 하는 일이 있었다. 그러다 숙직과 일직이 없어지고 나니 누가 공문을 작성할 것이며 학교는 누가 지킬 것인가에 관심이 쏠리고 말았다. 물론 교장선생님과 교감선생님은 매일 출근을 해야 된다는 것이 전국교원노조와 도교육청 간에 합의가 된 사항이지만 교장선생님은 속앓이를 하게 되는 것도 사실이다. 학교에 순번을 정하여 하루 한 명이라도 나와 주었으면 하고 교감선생님에게 눈치를 주고 교감선생님은 주임교사에게 눈치를 주고 주임교사는 평교사에게 눈치를 준다.

　우리학교는 교감선생님이 없다. 그러다 보니 교감이 있을 때 하던 것을 그대로 따라서 한다. 즉 주임이 두 명인데 주임은 교장선생님과 함께 관리조로 편성하여 30일이면 교장선생님과 10일씩 나누어 하고 평교사는 평교사대로 일주일에 4일 정도 나오게 하여 30일이면 6명의 교사가 3일

정도 근무하였다. 그 중에는 나는 못 하겠다. 하루만 하겠다 하여 하루나 이틀을 하는 사람도 있었다.

금년에는 교사 8명 중 4명이 바뀌었다. 그러다 보니 다른 학교에서 하던 대로 근무를 하지 않으려고 하고, 근무해도 하루나 이틀 정도 근무를 하려고 했다. 교장선생님은 전과 같이 생각하고 교무부장에게 지시를 했고 교무부장은 전과 같이 교무기획에게 전달하고 교무기획은 근무조를 편성하였다. 교원노조를 하는 분이 교원노조 사무실에 전화를 해 버렸다. 교원노조 사무실에서는 부당하다며 부당한 조항을 써서 팩스로 보내 주었다.

교장선생님이 할 수 있는 일은 두 가지였다. 팩스에 따라 아무도 근무를 하지 않게 하거나 방학 중에 학교에 나와 업무에 차질이 없도록 설득을 하는 것이었다. 나는 두 번째를 택했다. 교원노조 사무실에 연락하여 팩스를 보내게 한 사람과 상담을 하고 또 못 하겠다고 부정적으로 말을 하는 사람을 설득하기 시작했다. 그런데 교장선생님이 나를 불렀다.

교장선생님이 하는 말

"너무 신경 쓰지 마시고 가만히 있으세요. 평교사들은 나오지 말고 주임교사 두 분만 나와 같이 근무합시다."

교장선생님은 손해될 것이 없었다. 평교사들은 안 나오니까 업무를 처리하지 않아도 되니까 좋은 방법이었다. 그러나 주임교사 2명은 교장선생님과 같이 관리조를 하고 평교사들이 하던 업무까지 봐야 하는 이중 부담을 안게 되었다.

교장선생님의 판단이 어쩌면 현명한 관리자의 방법일지 모른다. 그러나 부장들을 버린 것이다. 마치 아내를 버리고 자식을 구한 것과 같은 이치라 할 수 있다. 아무리 자식이 잘해 준다 해도 아내보다 더 좋을 수는 없는 일이다. 열 자식이 악처보다 못하다는 말도 있지 않는가?

나는 그렇다 치고 학생부장의 불평이 이만저만이 아니었다. 나는 그를 달래는 방법을 생각하지 않을 수 없었다. 아무런 내색을 하지 않고 있는 가운데 방학은 다가오고 있었다.

종업식을 하는 날이다. 방학 중에 집에서 쉬면 '자가연수원(법 41조 연수)'이라는 것을 내어야 한다. 자가연수원을 내면서 학생부장도 다른 평교사와 같이 방학기간 모두를 내라고 했다. 그리고 나도 그렇게 했다. 그것은 근무를 안 하겠다는 것이 아니다. 근무를 하되 내 마음대로 오고 싶으면 오고 가고 싶으면 가겠다는 것이다. 교장선생님의 마음을 상하게 하는 것도 아니고 평교사 마음을 상하게 하는 것도 아니며 근무를 하지 않는 것도 아니다.

17 안평 장날

읍지역 이상의 장날은 매달 2일과 7일이다. 면지역은 4일과 9일이 보통인데 이곳 안평은 3일과 8일이다. 안평면 소재지에서 동쪽으로 괴산리, 박곡리, 신월리를 지나면 의성읍에 닿을 수 있고, 서쪽으로 가면 기도리가 있는데 중앙고속도로가 동네를 가로지르고 있다. 산을 넘으면 비안면으로 갈 수 있다. 남쪽은 마전리, 도옥리, 대사리, 인안리를 지나면 봉양면(도리원)에 닿을 수 있다. 북쪽은 창길리, 금곡리, 삼촌리를 지나면 신평면에 갈수 있는데 동북쪽으로 가면 안동시 일직면(운산)에 닿을 수 있다.

장날 아침이 되면 동서남북에서 모여드는 사람들로 어느 장터와 같이 북적거린다. 보통 아침 7시부터 사람들이 모이는데 12시가 가까워지면 파장이 되어 노점은 상품을 거두어 싸기 시작한다. 이때부터 식당은 본격적인 장사가 시작되고 소주잔을 기울이는 농민과 장사꾼이 어울리는 질펀한 마당이 된다.

안평은 계절에 따라 농산물이 시기를 맞추어 출하되는데 특히 봄에는 쌀, 조 등의 식량을 위주로 장거리가 형성되는데 여름이 가까워지면 마늘이 나온다. 특히 자두를 출하할 때는 산과 들이 자두로 출렁인다. 자두는 자두 공판장이 몇 년 전부터 농협 앞에 세워져 연일 자두를 팔려는 사람과 사려는 상인들로 오후 한때는 북적인다. 경매가 시작되는 것이다. 경매가 시작되면 마이크 소리가 학교 교실까지 들어와 창문을 닫는 일도 있다. '처-언-원, 마-아-원, 시-입-마-안-원' 경매꾼의 긴 목소리가 이어지고 경매가 끝난 자두는 어디엔가 실려 가고 농민은 돈을 챙긴다. 자두가 끝나면 고추로 이어진다. 하우스 재배 상품으로 오이를 많이 하는데 오이는 안평시장에는 구경하기가 힘든 고급상품이다. 안동이나 대구 서울로 직송되기에 그런 것이다. 호박과 참외 수박도 철 따라 시장구경을 나오는 농산물이다.

아침 7시, 이 마을 저 마을에서 새벽밥을 지어 먹고 경운기 가득 농산물을 싣고 와서 장터에 내려놓는다. 사방에서 트럭으로 들어오는 공산품과 어우러져 한바탕 대결을 하다가 12시가 되면 어디론가 떠나 버리는 것이 안평 장날 풍경이다.

18 상과 종업식

　여름휴가 종업식을 하게 되었다. 더위에 지친 학생들이 도서관에 모여 에어컨을 틀어 놓고 종업식을 준비하느라 분주했다. 단상을 옮기고, 마이크를 설치하고, 빔프로젝션 화면에 종업식이라고 커다랗게 쓰고 식순을 썼다.

　강당이 3층에 있지만 보통 도서관에서 기념식이나 조회를 한다. 졸업식이나 입학식 같으면 강당에서 현수막도 붙이고 화분도 갖다 놓고 학부형이나 기관장 등 내빈 좌석도 만든다.

　식을 하기 전에 간단히 직원조회를 하고, 휴가 계획을 설명하고, 학생들에게 주의사항들을 알렸다. 담임선생님이 교실에 들어가 학생들에게 주지하고, 청소를 끝내고, 잠금 장치를 하고 도서관으로 내려오는 동안, 조회가 없어 시상을 하지 못한 상장과 표창장 상품을 정리하였다. 소년체전 군 예선대회에서 수상한 학생의 상장과 메달이 즐비하다. 학생 27명에 수상자는 서른 명이 넘는다. 한 사람이 몇 개씩 타도 못 받는 학생들도 있다. 또 모형 항공기 전국대회, 글짓기 대회, 모범학생 교육감 표창, 인터넷 정보사냥대회

군 예선과 도대회 등 여러 가지가 있었다. 그동안 조회를 못한 것은 학기 말 고사가 있고 행사와 체험학습 등이 있어 작은 학교지만 전교생이 한자리에 모여 조회하기가 쉬운 일이 아니기 때문이다.

상장과 상품을 정리하던 손이 갑자기 멈추었다. 이 일을 어떻게 하면 좋을까? 그 상(賞) 중에는 글짓기 대회에서 수상한 상도 있었는데 이것이 문제였다. 그 대회의 회장이 준 상인데 회장이 바로 '나'이기 때문이다. 보통 교육장상이나 교육감상, 군수상 등은 학교장이 대신 전달하는데 내 상이 있으니 정말 난감했다. 다른 상과 같이 학교장이 대신 줄 것이라 생각하고 종업식을 시작했다. 국민의례가 끝나고 시상을 하는 순서가 되었다. 대외상부터 시상을 하고 학력 우수학생 등의 교내상은 뒤에 주기로 했기 때문에 대외상부터 한 사람 한 사람 불러서 상을 주었다. 그러다 내 이름으로 된 상을 주게 되었다. 교장선생님은 상을 보더니 단상에서 내려왔다. 나를 보며 본인이 있는데 대신 줄 수가 있느냐며 정중하게 나에게 상을 주기를 권했다. 나는 사양을 했다. 사회를 하다가 상을 준다는 것이, 학교장이 서 있던 단상에 내가 선다는 것이 이상해서이다. 몇 번 사양을 해도 교장선생님은 그럴 수 없다며 본인이 직접 주기를 간곡히 부탁했다. 단상에 올라갔다. 학생들이 두 눈을 바로 뜨고 나를 주시했다. 처음 보는 광경에 모두 놀라는 것 같았으나 상을 타는 본인들은 당연하다는 눈치를 보였다.

상을 주고 인사도 받는 둥 마는 둥 단상을 내려왔다. 뒤에 서 있던 여선생님이 박수를 쳤다. 무슨 의미인지 모르겠다. 학생들도 따라서 박수를 쳤다. 교장선생님만 올라가는 단상에 교사가 올라가서 상을 주었으니 여러 가지 의미가 있어서 박수를 친 것 같았다.

다른 학교도 이런 경우가 있을 법도 한데 그 학교는 어떻게 했는지 모를 일이다. 내가 알기만 해도 문인협회 회장, 미술협회 회장, 예술협회 회장 등 교사가 하는 경우가 있기 때문이다. 그들도 교장선생님이 상을 주다가 교사에게 주라고 단상을 내려오는지 아니면 본인이 있는데도 대신 주는지 조사한 바가 없어 매우 궁금하다.

학교장 취임하던 날

　이 학교에 근무한 지 3년 6개월에 하루가 되는 날이다. 이 기간 동안 학교장이 3번째 바뀌는 날이다. 처음 오신 분은 1년 6개월을, 하루 전 가신 분은 2년을 같이 근무했다. 만나고 헤어짐이 세상사라지만 교직은 3월과 9월이 정기 인사이동이고 보면 적게는 6개월, 많게는 5년을 한지붕 아래 근무하게 된다. 아니다. 기간제 교사인 경우 1개월을 근무하는 경우도 있고 극단적으로 휴직이나 퇴직을 하면 하루를 같이 근무하는 사람도 있다.

　학교장이 바뀌고 보니 발령 소식을 듣자마자 새로 오시는 분에게 전화를 해야 했다. 9월 1일자이지만 8월 22일에 발령이 났으므로 부임까지는 며칠이 있어 공백 기간(가는 분이 업무를 처리하지 않는 경우가 있고, 다음 달 계획이므로 오시는 분과 관련이 있는 기간이다.)에 업무가 있기 때문이다.

　9월 1일 아침은 분주했다. 취임식 준비, 화분정리, 청소 등이 그러하다.

　참! 화분에 대하여 조금 할 말이 있다.

　영전 축하 화분이 많이 들어오는 분일수록 대인 관계가

좋다는 평을 받게 되는 것이 관례가 되다 보니 너도나도 화분 주고받기에 혈안(?)이 된 것 같은 인상을 풍긴다. 보기는 좋지만 너무하다는 생각이 드는 것은 어쩔 수 없다. 내가 주었으니 받는 형태가 되다 보니 화분을 받는 것도 주는 것도 빚을 갚는 것과 같다는 생각이 든다. 이제는 화분으로 위상을 높이는 일은 자제해야 될 시점이 아닌가 한다. 정부에서도 직함이 쓰인 화분을 주지 말라고 하니 차츰 화분을 주고받는 관행도 사라지리라 기대해 본다. 꽃집 주인에게는 미안한 일이지만 말이다.

3층 소강당에 작은 취임식장을 준비하고(화분과 내빈은 없지만) 학생들에게 구령을 붙였다. 간부회의를 하고 직원회의를 하고 취임식을 하다 보니 1교시 수업시간을 침해하지 않으려 해도 조금의 침범은 어쩔 수 없다. 취임식도 학습의 과정이므로.

국기에 대한 경례를 하고, 애국가를 부르는 학생들의 눈망울은 새로 오신 교장선생님에 대한 기대로 부풀어 있었다. "에 이번에 ○○중학교에서 새로 ○○○ 교장선생님이 오셨습니다. 교장선생님께서 학생들에게 부탁의 말씀을 하시겠습니다." 미리 준비한 원고를 주머니에 꺼내 연습한 대로 일사천리로 취임사를 하는 동안 지루해진 학생들은 옆 사람과 잡담에 여념이 없다.

취임식이 끝나고 기관장에게 인사를 하는 순서가 되었다.

빈손으로 갈 수 없어 들어온 화분을 들고 행정실장을 대동
하는 뒷모습이 새로운 학교에 대한 교육열이 가득하다. 아
무쪼록 학생들의 생각과 이상이 훤히 펼쳐지기를 기대해
마지않는다.

시범학교 공개하던 날

　잠이 오지 않아 선잠을 자다가 일어나니 머리가 띵하다. 내일 행사가 있으면 잠이 오지 않는 것은 누구나 비슷하겠지만, 억지로 감정을 재우며 아무 일도 없다고 몇 번을 반복하며 평소와 같이 행동하기로 작정을 하면 잠이 오는 경우도 있으나 오늘은 예외인 것 같았다. 자다가 일어나기를 몇 번 반복하다 보니 일어나야 할 시각이 되었다.

　평소보다 빠른 출근은 나뿐만 아니었다. 모두 일찍 와서 오늘 행사에서 자기가 할 일을 찾아 하고 있었다. 등록부를 손질하고 있으려니 정보부장이 출근을 하자마자 운영 결과 보고 예행연습을 한 번 더 하자고 했다. 3층 강당으로 올라가 LCD 화면을 보며 마지막 연습을 하느라 교장선생님이 올라온 줄도 몰랐다.

　손님이 기다리도록 준비하는 휴게실로 가니 벌써 여선생님들이 와서 음식을 나누고 있었다. 휴게실이 2개이니 2곳만 차리면 될 줄 알았는데 1층에 있는 도서관에도 관리자분과 협의회장이니 차려야 하고 교장실에도 중요 손님들이 오기에 차려야 한다며 1층과 3층을 부지런히 오르내리는 것을 보니 무척 안쓰러워 보였다. 모두가 이렇게 바쁜데 유독 한 사람은 평소와 같이 늦게 출근하여 편안하게 인터넷 뉴스를 즐기고 있었다. 정말 정부 돈이 아까운 생각이 들었으나 직장에서나 사회에서나 부지런히 일하는 사람이 있으면 노는 사람도 있기 마련이어서 신경을 쓰지 않기로 했다.

수업 시간이 되어도 학생들도 선생님들이 바쁜 것을 아는지 수업에 늦게 들어와도 교무실까지 찾아오는 일도 없었다.

12시가 되자 일찍 주문한 점심이 시간을 지켜 주어 학생들을 먼저 식사하도록 지도했다. 학생들의 식사가 끝이 나야 1시부터 손님을 받을 수 있다. 그것은 음식을 나르는 탁자를 손님 맞을 접수대로 사용하기로 했기 때문이다. 음식을 먹고 있는데 운동장에는 일찍 온 손님들의 자동차가 임시 주차장에 들어서고 있었다. 밥을 먹는 둥 마는 둥 하고 접수대에 놓을 책자와 선물을 가지고 나갔다. 언제 보았는지 다른 선생님들도 나와서 거들었다. 1시가 가까워 오자 손님들이 줄을 설 정도로 몰려왔다. 반가운 사람 반가워하는 사람들로 현관은 북새통을 이루었다. 조금 후 1시 20분이 되면 수업 공개가 있으니 수업을 준비해야 하는 세 분의 선생님들은 미리 교실에 들어가고 남은 사람들이 준비에 바빴다.

수업 공개가 끝나고 개회식에 이어 운영 결과 보고를 해야 한다. 잠시 긴장이 되었다. 개회식의 사회도 내가 해야 되고 운영 보고도 내가 해야 된다. 교감이 없는 학교이니 교무부장이 북 치고 장구 치고 다 해야 할 형편이다. 운영 결과 보고는 다른 선생님이 했으면 좋겠다고 했으나 지난 2년간 처음부터 보고서를 쓰고 시범학교를 운영한 사람이 나이니 어쩔 수 없었다. 개회식이 끝나고 운영 결과 보고를 하는데 일이 벌어지고 말았다. 내 주머니에서 핸드폰이 울리는 것이었다. 보고를 중단할 수도 없고 핸드폰을 끌 수도 없는 상황이었다. 정해진 시간에 보고를 해야 하는 것은 어쩔 수 없다지만 핸드폰을 끄려고 주머니에서 꺼내면 소리가 더 크게 나기 때문에 그냥 참고 해야 되는 상황이었다. 식을 시작하기 전에 핸드폰을 진동으로 하라는 말을 하지 않았던 것을 후회했으며, 내 핸드폰을 아무 생각 없이 주머니에 그대로 둔 것도 후회했으나 이제 와서 어쩔 수 없었다. 다행히 핸드폰 소리가 옛날 전화벨 소리여서 내 주머니에서 나는 것이라고 생각하는 사람은 프레젠테이션을 조작하는 정보부장과 나 뿐일 것이라는 판단이 서자 보고하는 목소리를 조금 높여 보고를 계속했다. 그런데 어찌 된 일인지 핸드폰 소리는 한 번에 꺼지는 것이 아니고 조금 쉬었다가 또 울렸다. 분명 한 사람이 전화를 받지 않으니 또 한 것이 분명했다. 그러다 보니 핸드폰 소리도 끝이 나고 운영 보고도 끝이 났다. 단 10여 분의 시간이 그렇게 길 수가 없었다.

　이제 분과협의회 시간이다. 교사분과는 강당에서 관리자 분과는 도서관에서 하기로 되어 있었는데 관리자 분과에 내가 들어가서 질문을 받고 교사분과에 정보부장이 들어가서 질문을 받기로 되어 있었기에 관리자 분과에 들어갔다. 분과협의를 하기 전에 먼저 사회자를 정해 두었다. 사회자는 분과협의회 사회도 하고 전체 협의 시에 발표도 해야 되기에 부담이 되는지 아무도 하겠다는 사람이 없었다. 어쩔 수 없이 아는 교장선생님의 도움을 받아 나도 잘 아는 교장선생님이 하기로 했는데 발표할 것을 준비해 달라는 말을 듣고 황당해했다. 그러나 어쩌랴! 교사분과는 할 사람이 없어 오늘 오랜만에 보는 후배 한 사람에게 시켰는데 쾌히 하겠다고 했다. 무척 고마운 일이었다.

　전체 협의가 시작되었다. 사회를 하면서 마지막에 장학관으로부터 지도 조언을 듣고 나는 한마디 하지 않을 수 없었다. 그것은 시범학교를 하기 위하여 나와 같이 동분서주하던 사람이 이 자리에 와 있었기 때문이었다. 이 시범학교가 안평중학교 개교 이래 처음 있는 일이니 학교로 보면 무척 큰 행사임이 분명하고 이런 오지에 시범학교 지정이 가만히 있어서 될 리가 없었다. 나는 사회 마이크를 빌려 큰 소리로 이야기했다. "본 시범학교 지정을 위하여 계획을 세워 상신하도록 동분서주해 주신, 언제부터 언제까지 본교에 교감선생님으로 근무하신 현 ○○ 중학교 xx 교감선생님께 이 자리를 빌려서 고맙다는 말씀을 드리고 싶습니다."
하고 그분을 향하여 목례를 했다. 그분은 싱글벙글 웃으며 고마워했다. 여러 사람 앞에 이름이 거명되는 것은 그것도 좋은 의미로 거론되는 것은 무척 기쁜 일이다. 그동안 얼마나 고생했는지 고생이 누구 때문인지도 밝힐 필요를 느꼈기 때문인데, 그것이 좋은 반응이든 아니든 알 바는 아니다.

시범학교 운영 결과 보고회를 마치고 오신 손님들을 보내며 지난 2년간이 파노라마처럼 떠올라 눈물이 나왔다.

인간관계에 대하여

　내가 할 때는 사랑이고 남이 하면 불륜이라는 말은 내 10원은 아깝고 남 100원은 아무렇지도 않는 것과 같은 것이다. 내 것이 아까우면 남의 것도 아깝다는 사실을 대부분 아는데, 모르고 산다면 사회생활에서 크게 적응을 하지 못하는 사람으로 판단해도 될 것 같다.

　남에게 무엇을 줄 때 내게 필요 없어서 버리듯이 성의 없이 준다면 남이 고마워할까? 남에게 주는 것일수록 제일 좋은 것으로 주라는 것이 가훈인 사람도 있다. 남에게 무엇을 주어서 고맙다는 마음이 생기지 않는다면 안 준 것만 못하다. 남에게 무엇을 주었을 때 생색을 낸다면 받는 사람은 고마워하기 전에 기대를 하게 되고 기대에 못 미치면 실망을 하게 되어 차라리 안 주는 것보다 못한 결과가 오기 마련이다. 아무렇지도 않게 그저 대단하지 않는 것을 준다는 표정으로 대단한 것을 주는 것과 그렇지 않은 경우는 너무 큰 차이가 나기 때문이다.

　누구나 자기 것은 귀하고 소중하다. 내 것만큼 남의 것도 귀중하고 소중하다는 것을 안다면 세상은 더 살 만한 곳으로 발전할 것이다.

사람은 혼자 살 수 없다. 그러다 보면 인간관계가 원활해야 살아남을 수 있다. 모두가 싫어하는 사람이 되지 말고 모두가 좋아하는 사람으로 사는 방법은 남의 것을 소중히 하는 것이다.

인간관계를 심심풀이로 내게 시간이 남으니까, 물건이 남으니까, 돈이 남으니까 남을 위해 쓴다면 그 인간관계는 성공하지 못할 것이다. 없는 시간을 쪼개어 남을 배려하고, 없는 물건을 나누어 주고, 없는 돈을 조금 떼어 준다면 모두가 좋아하는 사람으로 성공한 삶이 될 것이다.

사람은 상대적이다. 내가 상대에게 호감을 가지면, 그도 호감을 가질 것은 뻔한 이치이다. 웃는 낯에 침 못 뱉는 것과 같은 것이다. 내가 남에게 베푼 만큼 돌아오는 것은 정한 이치이다.

천재보다는 노력
노력보다는 즐기는 삶

봉급을 타기 위해 출근한 적이 얼마나 되는가? 생각해 본 적이 있다. 아침, 잠자리에서 일어나기 싫어 뒤척일 때, 일어나야 되는 절박함이 무엇인가? 내가 아니면 가족이 밥을 굶기 때문에 일을 해야 한다는 절박함을 모르는 출근은 단지 직장에 가야 된다는 의무감이 앞서기 때문이다.

봉급을 기다려 본 적이 얼마이던가? 봉급이 나오지 않으면 수입이 있는 것도 아닌데 봉급을 기다려 본 적이 없다는 것은 하고 있는 일에 대한 자부심보다는 습관적인 하루의 반복에 그냥 따라가는 것이라 해도 될 것 같다. 봉급을 봉투에 현금으로 넣어 주던 시절이 있었다. 봉투를 열면 돈이 나오는데도 봉투를 다 쓰자고 작심하고 술집에 가져가 본 적은 없다. 봉투에서 내가 쓸 돈 조금을 주머니에 넣고 그대로 아내에게 주고는 만족해했다. 그 돈으로 다른 짓을 할 수도 있었는데 하지 않음은 가족을 위하는 마음 때문이 아닌가 한다.

그달 타서 그달 쓰고 남으면 저금하고, 모자라면 안 쓰는 것을 철칙으로 지금까지 살아왔다. 그것은 규칙처럼 되어서 남에게 돈을 빌려 본 적은 없다. 아니다. 적금 대출을 내어 본 적은 있다. 마이너스 통장이 나오고 마이너스를 써 본 적은 몇 번 있다. 또 있다. 연금공단에서 학자금 대출을 받을 수 있다고 하여 남들처럼 학자금 대출을 받아 지금도 매달 넣고 있다. 그런데 왜 그런 것은 빚으로 생각되지 않는지 이상한 일이다.

가정에서 쓰고 남는 돈이 모이면 가전제품을 사고 없으면 없는 대로 불평하지 않고 그런대로 살아왔다. 이렇게 살게 된 큰 원인은 든든한 부모님이 계셨기 때문에 가능하지 않았나 싶다. 내 봉급으로 부모님께 해 드린 것은 거의 없다. 그저 받기만 했다. 집이 필요하다고 하자 집을 사 주셨고 오토바이가 필요하다 하자 오토바이를 사 주셨다. 차는 비록 남이 쓰던 헌 차지만 내 돈으로 산 것 같다. 어떻게 생각하면 나는 복받은 사람이다. 돈의 노예가 되지 않아서 그렇다는 것이 아니고 돈이 없으면 안 쓰는 것도 그렇다. 필요하면 부모님께 의지하는 막내 근성 때문이다.

천재보다는 노력이 노력보다는 즐기는 삶이 행복하다는 말이 문득 떠오르는 것은 내 살아온 날을 되돌아보는 계기가 되었다. 나는 즐기며 살았던가? 그렇다고 말할 수 없는 것은 내 삶이 즐겁다고 생각할 때보다 즐겁지 못하다고 생각할 때가 더 많기 때문이다. 최소한 즐기는 경지는 아니라 하더라도 운명에 순응했다고는 할 수 있다.

학생을 가르치는 것이 직업이다 보니 학생을 가르치는 것이 즐겁다기보다 그저 해야 한다는 직업의식이 아니었나 한다. 돈에 집착하지 않고(부모님과 가족에게는 미안하지만) 학생들을 가르치고 그 대가로 조금의 봉급을 받아 그렇게 살면서도 부자를 부러워하거나 갑부가 되지 못해 억울해한 적은 없다. 그렇게 보면 나는 직업을 즐기지는 못해도 습관적으로 운명처럼 살아온 것은 분명하다. 그저 운명에 순응하며 다람쥐 쳇바퀴 돌듯 그렇게 살아온 내 직장생활이 내 삶이 된 것이다.

2009 년도

또라시 담임을

담임을 한 지도 오래 되었다. 마지막으로 담임을 하던 그해는 3학년을 맡았는데 학생들이 너무 착하여 졸업 할 때는 각자의 소원과 소지품을 넣어 '타임캡슐'을 오봉산에 묻었었다. 눈 내리는 운동장 졸업식에서 식을 마치고 내 반 학생들은 나를 앞에 세워 놓고 엎드려 큰절을 했었다.

학교를 옮기고 교무부장을 하라는 말에 아무소리 없이 4년을 했다. 그러다 언제 또 담임을 할까싶어 담임을 달라고 했다.

3월 2일 담임 발표가 있고 혼자 교실에 들어가니 2학년 4명이 동그란 눈을 하고 물었다.

"선생님이 담임이에요?"

대답하기를 머뭇거리다가 1년간 해야 할 일을 열거했다. 자기 책상 주변이 더러우면 자기 책임이므로 항상 깨끗이 할 것, 교실은 방과 같으므로 책만 읽어야 할 것, 학급 일기를 쓸 것 등을 주문하자 학생들은 눈을 내리깔고 죽었다 싶었는지 청소와 정리를 했다. 1년간 함께 지내야 하는데 이렇게 엄하게 하지 않으면 나도 학생들도 힘들다는 것을 잘 알기에 그렇게 한 것이다. 점심시간에도 점심을 먹으면 책읽기를 주문하니 한 명뿐인 남학생이 축구를 하고 싶다고 볼멘소리를 했다. 책을 읽다가 축구도 하라며 느슨하게 풀어 주었다.

점심시간, 교실에 오니 우리 반 4명이 없었다. 한참 후 실장이 오는데 축구를 하겠다고 했다. 여학생도 축구가 하고 싶다고 했다. 책을 읽는 것이 좋겠다고 했는데 아직 교실에 들어오지 않는다. 텅 빈 교실에는 담임인 나 혼자 자판을 두드릴 뿐 적막하기만 하다. 석유난로 돌아가는 소리와 자판 두들기는 소리가 어우러져 하모니를 이루고 있다. 내일은 책을 읽겠지. 내가 매일 와서 읽는다면 그들도 읽을 것이라는 기대를 하며 교실 문 쪽으로 귀를 기울였다.

학급일기를 쓰면서라는 글을 학급일지 안쪽에 붙였다.

1. 기록자는 학교에서 있었던 일을 자기의 생각과 함께 기록한다.

2. 시간 순서(서사)로 서술하되, 상세한 일은 공간 순서(묘사)로 기록한다.

3. 나의 역사이자 학급의 역사이므로 사관(史官)의 입장에서 기록한다.

4. 1년간 기록을 모아 문집으로 엮는 것을 목표로 한다.

봄눈이 내린다

　아침에 나를 반갑게 맞이한 것은 봄눈이었다. 출근길이 걱정되지 않는 것은 아니지만 반가움이 앞선다. 내년 겨울에나 눈을 볼 것이라 생각했는데 철 지난 지금 눈이 내리고 있었다. 새벽부터 왔는지 먼 산에도 나뭇가지에도 소복이 쌓였다. 자동차 위에 쌓인 눈을 털어 내며 오늘을 시작하기 위해 시동을 걸었다. 봄눈이어서 길에는 아스팔트의 지열로 녹아 없어지고 물이 흥건히 고였다. 봄눈은 쉽게 녹는 안타까움이 있다.

　교실에 들어가니 어제 담임 배정을 받은 우리 반 4명의 학생들이 난로에 기름을 넣고 있었다. 남자 한 명 여자 세 명이지만 나에게는 40명보다 더 가슴이 벅찬 학생들이다. 십 년이 가깝도록 담임을 하지 않고 학생들 가까이에 서지 못한 부끄러움 때문이다.

　반장인 다영이는 기름통 주둥이를 잡고 하나뿐인 남학생 웅렬이는 무거운 기름통을 들고 씨름을 하고 있었다. 무척 다정한 오누이 같은 모습이다. 옆에 서 있던 윤정이와 소영이는 잘못 부어 쏟은 기름을 닦느라 걸레와 휴지를 번갈아

가며 닦았다. 기름통에 묻은 기름을 닦는 다영이의 손길이 지나가자 기름통도 말끔히 닦여졌다.

교실에 가득한 기름 냄새를 없애기 위해 커튼을 열고 창문을 열었다. 잊었던 봄눈이 창밖에 가득했다. 2층 교실인 우리 교실은 산기슭 가까이 있었으므로 눈 덮인 소나무나 잡목 그리고 멀리 눈 덮인 산만 보였다. 오늘 학급일기 당번을 불렀다. 학급일기에 이 아름다운 봄눈 풍경을 꼭 쓰라고 주문을 했다.

창밖에 눈을 바라보는 순수한 마음을 오래 간직하고 싶어 잠시 책을 덮고 멍하니 산을 바라보는 내 뒤통수에 뜨거운 4명의 시선들도 함께했다. 내가 그러하니 학생들도 그러했다. 아이들은 부모를 닮아 가고, 선생님을 닮아 가는 과정을 거치고 있었다. 그것이 어른이 되는 길임을 그들은 잘 알고 있었다.

마음을 바꾸니 세상이 다르다

밥을 잘 먹지 않았던 나는 결혼을 하자 50킬로그램도 안 되던 체중이 67킬로그램이 되었다. 체중이 늘어나고 보니 우선 걸음이 빠르지 못하고 몸이 둔했다. 급하던 성격도 바뀌어져 마음의 여유까지 생겨 일을 해도 한 번 더 생각하게 되었다. 공립학교에서 사립학교로 또 공립학교로 초·중·고등학교로 옮겨 다니는 것도 모자라 여학교, 남학교, 남녀 공학을 옮겨 다녔다. 그러나 다른 것은 다 해도 되지 않는 것이 있었다. 그것은 벽지 학교 근무였다. 가족을 떠나 산다는 것은 아무리 생각해도 이것은 아니다 했는데 급하게 되다 보니 가족을 떠나 살아도 좋으니 벽지학교로 가자 해도 안 되는 운명이 되고 말았다. 그것은 시범학교로 불리어 다니다 보니 그러했고 안동 가까이 살다 보니 점수가 적어 벽지에 갈 수 있는 점수가 되지 않아서 그러했다.

일곱 번이나 승진 내신을 내어도 안 되니 포기하는 수밖에 없었다. 이쯤 해서 그만두고 싶어졌다. 늙어 추한 모습을 보이기 싫었다.

젊어서 전문직에 갈 기회가 있었는데 학생들을 두고 어

디 가느냐고 자문자답하던 것이 생각나 담임을 하기로 했다. 교육에 대한 열의도 학생에 대한 사랑도 아니었다. 순전히 오기였다.

출근을 하면 무엇을 해야 하는지 종이에 적어 주머니에 넣고 다녔는데 이제는 그럴 필요가 없어졌다. 일에 대한 중독으로, 성취욕으로, 보람찬 출근길, 힘이 나는 출근길은 되지 않았으나 걱정없는 출근길이 되었다. 한마디로 부담없는 출근이다 보니 교무실 문을 들어서도 반기는 사람이 없다는 생각이 들어 힘없이 문을 열고 내 자리를 찾아 앉을 뿐이다.

마음을 바꾸니 읽고 싶던 책을 읽을 시간이 늘어나 좋았다. 생각할 여유가 있어 좋았다. 그러나 활기찬 내 모습이 없는 것이 아쉽고, 동료직원들이 불쌍하게 생각한다는 자괴감은 무척 괴로운 일이다. 모두가 내 아니면 안 된다는 생각으로 일을 했는데 내가 아니어도 너무 잘하고, 내가 없어도 없는지 모르는 그들을 보며 있어야 할, 꼭 필요한 사람이 되지 못함이 괴로우나 그런 것들은 이미 각오한 것들이니 그냥 흘러 넘김이 좋을 듯하다. 알아도 모르는 척 몰라도 아는 척, 다른 사람이 싫어하는 말과 행동을 하지 않으려고 노력하는 성숙한 삶이 되기 위해 노력하는 보람으로 그렇게 직장생활을 하고 싶을 뿐이다.

마음을 바꾸니 세상이 다르게 보인다는 것을 실감하는

요즘이다. 이제 이 학교도 만기가 되어 떠나야 할 시기가
온 것 같다. 떠나는 준비를 해야겠다. 시작하는 사람에게
준비가 필요하듯 떠나는 사람에게도 준비가 필요한 것 같
다. 떠나는 준비가 끝나는 그날 소리 없이 떠날 것이다.

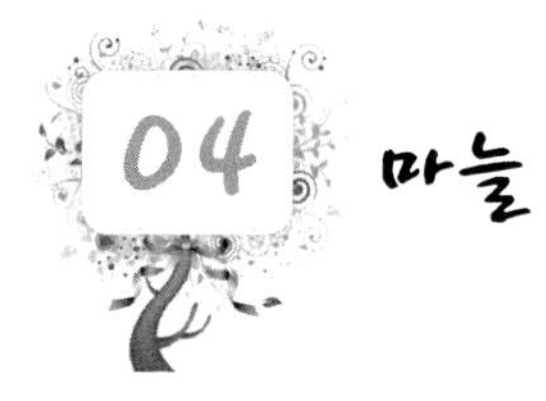 마늘

의성은 마늘을 많이 심는 고장이다. 시장에 가도 의성마늘이라면 한 급 위로 값을 쳐 준다. 마늘 주산지다 보니 마늘에 관심이 일기 시작했다. 출근을 하다가 퇴근을 하다가 마늘을 심어 놓은 밭이나 논을 자연스럽게 보게 된다. 마늘은 논에도 심고 밭에도 심는다. 늦가을 서리가 내리고 들국화가 곱게 필 때면 농부들은 빈 밭에 논에 거름을 낸다. 추수한 농토에 겨울이 오는데 김이 나는 거름을 무더기 무더기 경운기로 실어 날라 여기저기 깔아 놓는다. 밭을 갈고 거름을 고르게 펼치고 그리고 얼마 있으면 마늘을 하나하나 심는다. 추위가 오기 전에 심어 놓은 마늘을 비닐로 덮는다. 그리고 잊어버린다. 그사이 마늘은 비닐 안에서 무슨 짓을 하는지 보이지 않는다. 눈이 와도 비가 와도 추위가 닥쳐도 보이지 않으니 볼 수가 없다. 아무도 보려고 노력하지 않는다. 그렇다 겨울이 다 가는 기운을 느끼는 것은 설날을 넘기면서다.

사람들은 설을 쇠자마자 마늘밭으로 나간다. 아직 아침저녁으로 얼음이 어는 날씨인데도 마늘을 심어 놓은 밭으로 나간다. 무엇을 하는지 자세히 보니 비닐 속에 숨어 있는 마늘을 쇠꼬챙이로 구멍을 뚫고 건져 올린다. 마늘은 겨우내 싹이 자라 비닐 속에 손가락 길이만큼 자라 있었다. 아직 봄이 오기에는 이른 계절인데 들에는 푸른 기운이 돌게 된다. 그 푸른 기운은 마늘을 뽑아 올리는 농부의 손에서 시작됨을 알 수 있다. 하루가 다르게 안평 들은 골짜기마다 푸른 기운을 대지에서 받아 올려 개나리도 피기 전 온통 푸른 들이 된다.

간혹 거름을 주는 것도 보이지만 그냥 자라기만 하는지 하루가 다르게 영하의 날씨를 뚫고 마늘은 자란다. 이제 마늘의 푸름으로 비닐은 보이지 않는다. 누가 그어 놓은 선인지 파란 선은 도화지 가득 이 골 저 골을 덮었다.

매화가 피고 목련이 꽃을 피우면 마늘은 두 뼘 이상을 자라 바람에 제법 춤을 춘다. 봄기운이 완연하고 온 산과 들에 새싹이 나와 부지런히 꽃을 피우고 저수지 물이 찰랑거릴 때면 마늘은 꽃대를 피우고 어린 열매를 가득 싣는다. 농부들은 그 열매를 따서 반찬도 하고 시장에 내다 팔기고 한다. 마늘 꽃대가 정리될 즈음, 마늘잎은 이제 누런색으로 바래지기 시작한다. 추수가 가까워 온 것이다. 게으른 식물은 잎도 다 피지 못했는데 말이다.

오월 한가운데 아카시아 꽃이 피기 시작하면 일찍 캐는 마늘은 캐기 시작한다. 보리가 마지막 힘을 다하여 열매를 익히려는데 마늘은 본격적인 추수를 시작한다. 논에 심은 마늘은 마늘 뒤에 벼가 자라야 할 자리를 비워 주어야 하기 때문이다.

마늘을 캐서 경운기에 싣고 이 골목 저 골목으로 들어가면 제법 여름비가 내리기 시작한다. 농부들은 비를 피하여 마늘을 엮어 말리기 위하여 일일이 끈으로 묶어 건조대에 매단다. 그리고 여름이 가기를 기다리며 다른 식물에 온 신경을 쏟는다. 마늘이 말라 누런색이 되고 마늘 알에 흙이 말라 떨어질 때가 되면 마늘은 다시 시장에 가기 위해 치장을 한다. 처음 건조대에 매달리던 끈을 풀고 고운 끈으로 백 개씩 묶이고 통에 담겨진다.

찬서리를 맞고 심어진 마늘은 영하의 날씨에 비닐을 뚫고 나와 가장 먼저 시장으로 나가는 부지런한 농작물이다. 이 마늘로 안평 사람들은 아들딸 공부시켜 시집장가를 보내며 안평을 지키고 있다.

소리 나게 화나는 일

담임을 오랜만에 하다 보니 학급 일에 모르는 것이 한두 가지가 아니다. 그 중에서 학급 자치회비를 쓰는 일이다. 담임을 맡고 이틀 정도 지난 어느 날 3학년 담임이

"2학년은 자치회비를 어떻게 쓰려고 합니까?"

하고 물었다. 나는 교무부장을 하던 지난해를 생각하며

"전 학년이 같이 계획을 세워서 해야지요."

그리고 잊어버렸다. 3월도 중순이 가까워 오는 오늘 뒤통수를 맞는 일이 벌어지고 말았다. 수업을 하기 위해 3학년 교실에 갔는데 자치활동 계획서라는 것이 게시판에 붙어 있었다. 그 계획서에는 백일장, 떡볶이 만들기, 생일잔치, 탁구대회 등이 써져 있었고 거기에 따른 행사 비용이 쓰여 있었다. 자치활동비는 전교생에게 50만 원이 책정되어 있었는데 3학년이 22만 5천 원을 계획하여 결재를 받은 상황이라는 것을 말하고 있었다. 그러면 남은 돈은 겨우 27만 5천 원을 1학년과 2학년이 나누어 써야 하는 상황이라는 것이다. 정말 낭패였다. 내가 맡은 학생이 내 게으름으로 손해를 보게 되었으니 말이다.

1학년 담임을 만나 자치활동 계획을 같이 세우자고 했더니 그러자고 했다. 계획을 세우면서 생각하니 생각할수록 화가 나는 일이었다.

점심시간이 되었다. 점심을 먹고 일어나려는데 행정실장이 무슨 일로 교무실에 와서 서 있었다. 다른 선생님들과 이야기를 하고 있었는데 이야기가 끝나도록 기다려도 끝나지 않아 내가 그 사이에 끼어들었다. 자치활동비를 같이 쓸 수 있는 방법을 묻고자 한 의도였다.

"행정실장! 자치활동비가 50만 원인데 3학년이 22만 5천 원을 쓰겠다고 결재를 했는데 1학년 2학년은 어떻게 하면 되지요?"

"3학년이 쓰고 남은 돈으로 해야지요."

화가 치밀어 오른 것은 그 말이 떨어지는 순간이었다.

"50만 원은 각 학년이 나누어 쓰라는 것이지 어느 한 학년이 많이 쓰면 되느냐?"

행정실장은 '그것은 알아서 해야지 내가 어떻게 하느냐'고 했고 나는 '결재를 할 때 나누어 쓰도록 조정을 해야지 무슨 말이냐'고 따졌다.

밖에 나와 담배를 피우며 생각하니 이것은 젊은 행정실장과 다투어서 될 일이 아니라 교장선생님께 예산을 더 달라고 하는 수밖에 없다는 것을 깨달았다. 교장실로 가서 자초지종을 이야기하니 '그것은 예산이고 실제 쓸 때 나누면 되지 않느냐'고 했다. 1학년과 2학년이 세운 예산은 39만 원이었는데 예산을 한참 넘어 있었다. 1학년 담임에게 기안한 것을 주며 교무부장과 교장선생님께 결재를 받아 행정실장을 주라고 하고는 또 담배를 물었다. 머리끝까지 오른 화는 좀처럼 풀리지 않았다. 아들 같은 젊은 행정실장과 더 다투고 싶은 마음은 없었으나 분한 마음은 어쩔 수 없었다. 내가 조금 참았으면 되는데 하는 후회가 앞섰다.

바람을 쏘이고 있는데 문자가 왔다. 또 선전 문자이거니 하고 문자를 볼 마음이 내키지 않아 그대로 두다가 그래도 보고 싶어 보았더니 이것은 내 화를 완전히 풀어 버리는 문자였다.

3학년 담임과 행정실장이 동시에 보낸 문자였다.

"화나는데 담배만 피우지 말고, 교무실에 와서 과자 드세요."

06 감사(監査) 하는 날

　점심시간은 누가 뭐라 해도 쉬는 시간으로 생각한 지 겨우 1년이 되었다. 그 전에는 점심시간에도 잡무를 처리하고 학생들의 생활지도를 했었다. 이렇게 하는 데는 이유가 있었다. 쉬는 시간에도 잡무를 처리해야 하다 보니 머리가 맑지 못해 업무에 지장이 있었기 때문이다.

　감사(監査)를 하기 시작한 것은 2일 전으로 오늘이 마지막 날이다. 학교에는 3년에 한 번씩 감사를 한다. 종합감사라 하여 행정실의 금전관계는 물론 교무업무 등 전반에 걸쳐서 교육청 관리과 직원 2명, 학무과에서 장학사가 와서 3년 전의 일에 대해서 잘했는지 못했는지 알아보고 더 잘하도록 하는 제도이다.

　첫째 날이 지나고 둘째 날이 지난 오늘은 마지막 날이다. 누가 뭐를 잘못했는지 잘했는지 밝혀내고 가는 날이다. 오전까지 아무 소식이 없었다. 아무 잘못 없이 지나갔으면 하고 내심 가슴을 졸였다. 지난 3년은 내가 교무부장을 했기 때문이다.

　점심시간이 되자 감사하는 세 분과 학교장, 행정실장, 교무부장은 식당으로 식사를 하러 가고 나는 학교급식을 받아먹었다. 식사 후 당구장에 가서 휴식을 취하고 있는데 핸드폰이 울렸다. 교장선생님이었다.

"지금 교장실로 내려오시오."

교장선생님도 내가 점심시간에는 당구장에서 휴식을 취하고 있다는 것을 알고 있는 듯했다. 그러나 기분이 나쁘지는 않았다. 점심시간에 쉬는 것은 당연하기 때문이다. 교장실에 불려 가니 교장선생님은 못마땅한 인상을 하며

"부진아 지도비도 부당하게 지출되었는데 왜 말을 하지 않았느냐?"

고 질책을 했다. 나는

"부당하게 지출된 적이 없습니다."

라고 잘라서 말했다. 학교장은

"서류가 없어 담당자가 경고를 맞을 것 같습니다."

라고 했다.

"서류가 없다니 무슨 말이냐? 찾아보면 있을 것이다. 2007년도 담당자가 2006년도 서류를 참고하는 것을 본 적이 있는데 그리고 2007년도 담당자도 서류를 갖추어 놓고 지도비를 인출한 것으로 안다."

고 하였다. 교장선생님은

"2007년도 담당자와 통화를 했는데 지도비를 받아서 친목회에 넣었다고 하는데 그것은 그 당시 교직원 모두 문제

가 되는데, 당시 교무부장도 책임이 있다고 했다.”

나는

“부진아 지도비는 담당자가 지도하고 받는 것으로 그 당시 통장에서 담당자에게 인출되었고 담당자가 사탕을 사 먹었는지 친목회에 넣었는지는 알 바가 아니다.”

라고 했다.

교장선생님과 말을 주고받는 사이 내 지병인 전정신경염이 도졌는지 혈압이 올랐는지 정신이 몽롱하여 교장실 문을 열고 나오는데 어떻게 나왔는지 모르게 나왔다. 교무실에 와서 현재 교무과 캐비닛을 열려고 하니 마침 잘못 잠겨서 열려 있었다. 신경질적으로 서류를 꺼내기 시작했다. 그런데 없다고 하던 부진아 지도 실적과 기안이 2006년과 2007년 것이 나왔다. 나는 교무부장을 불러 빨리 감사장으로 가지고 가라고 했다. 그러고는 교장실에 가서 찾았다고 보고를 했다. 교무실에 돌아오니 담배 생각이 간절하여 밖으로 나가 담배를 피우는데 교장선생님도 담배를 피우고 있었다.

감사준비를 하면 서류를 찾아 놓는 것은 기본이다. 전근 간 사람의 서류도 현재 업무를 보는 사람이 찾아 놓아야 하는데 내 일이 아니니 모르겠다고 버려두면 결국 전근 간 사람만 손해를 보는 것이다.

07

콩쥐가 되다

교직원 체육대회를 하는 날이다. 며칠 전부터 배구 선수와 윷놀이 선수를 뽑고 시간에 늦지 않도록 해야 한다고 공고를 했다. 개막식에 참석하는 것은 자유이지만 인원이 적으면 곤란하니 많이 참석해 달라는 공문이 왔다. 그런데 스승의 날 기념 교직원 체육대회 날이라고는 하지만 학생들은 어떻게 할 것인가. 휴교를 할 수도 없는 노릇이다. 휴교를 하고 전 직원이 대회에 간다면 학부형의 항의가 있을 소지가 있다.

2교시를 마치고 체육대회에 전 직원이 가자는 제안이 나왔다. 모두 그렇게 하자고 했다. 개인적으로 나는 가기 싫은 대회이다. 내 후배도 승진을 하여 넥타이 매고 본부석에 앉아 있는데 초라하게 운동장에 줄을 서 있다는 것은 자존심이 허락하지 않는 일이다. 참석하지 않겠다고 하려니 무슨 명분이 있어야 하는데 없는 명분을 만들어야 했다. 학생을 지도하겠다고 했다. 다른 교직원들도 바로 대회장에 가려니 학생들이 2교시까지 해야 하므로 수업이 있는 사람들은 학교에 와서 지도를 하고 갈 수밖에 없다.

며칠이 지나자 좋은 안이라며 직원회의 시간에 발표를 했다. 수업은 나 혼자 전교생을 하기로 하고 모두 아침부터 대회장에 바로 출근을 하라고 했다. 나는 대회장에 가지 않아도 되니 싫다고 할 이유가 없고 다른 교직원들은 아침 일찍 학교로 오지 않고 아홉 시가 넘어 천천히 대회장에 가면 되므로 모두 좋다고 했다.

체육대회를 하는 날이다. 일찍 학교로 오면서 어찌 손해 본다는 생각을 떨칠 수가 없었다. 모든 교직원들은 아침 늦게 대회장에 가고 나 혼자 전교생을 2교시까지 지도한다는 것이 억울하기도 했다. 또 그들은 출장을 내어 출장비를 타서 점심까지 먹는다고 하니 더욱 그러했다. 나도 수업만 하고 대회장에 살짝 갔다가 집이라도 가고 싶어 출장을 낸다기에 같이 내었다. 그렇지 않으면 수업을 마치고도 하루 종일 학교를 지킬 수밖에 없다. 출근을 하면서 그래도 전직원이 학교에 왔다가 가겠지 했는데 교무부장만 달랑 출근을 했다. 운전기사는 학생들 등교 때문에 왔다가 하교시간을 기다리고 있었다.

전교생을 한자리에 모이게 하고 독서프로그램을 하기로 했다. 우선 백일장을 하고 독서 감상화 그리기를 할 작정이었다. 아침부터 백일장 제목과 원고지를 준비하느라 정신이 없었다. 아무도 없는 교실에 전교생과 나만 있을 뿐이다.

백일장 제목을 붙이고 아침에 제작한 원고지를 나누어

주며 생각하니 체육대회에 가지 못하는 내 처지가 서글프
기까지 했다. 그렇다고 누구 하나 위로해 주는 사람도 없었
다. 모두 자기가 편하게 되었으니 좋다고 할 뿐이다. 심지
어 내 점심 걱정을 하는 사람은 아무도 없었다.

백일장을 끝내고 독서감상화 그리기 대회를 하며 창밖을
보니 세상은 온통 아카시아 향기로 덮여 있었다. 실록의 계
절, 모든 교직원들이 잔치에 갔는데 혼자 남아 무슨 청승인
가? 콩쥐 팥쥐에서 콩쥐가 된 기분이었다.

08

꽃병

　지난 일요일 졸업생들이 동창회 체육대회를 운동장에서 했다. 아침에 출근을 하니 운동장이 말끔히 정리되어 있었다. 교무실에 들어서니 꽃이 먼저 반겨 주었다. 아마 동창회를 할 때 축하 꽃인 것 같았다. 꺾꽂이 바구니 꽃이 너무 예뻐서 버리기가 아까워 교무실에 들여놓은 것 같았다. 조금 있으니 선생님들이 출근을 하며 예쁘다고 한마디씩 했다. 그러다 2교시를 하고 가사실에 물을 마시러 갔더니 그 꽃이 가사실에 있었다. 아마 교무실에 두기는 시들어 버린 꽃이 많아서 가사실에 둔 것 같았다. 내일이면 버려야 할 운명에 놓인 것이다. 점심시간에 교실에 가니 작은 컵에 장미 몇 송이가 꽂혀 있었다. 웬 꽃이냐 했더니 가사실에 물을 먹으로 갔는데 학생들이 한두 송이씩 가지고 가기에 윤정이가 가져왔다고 했다. 참 잘한 일이라 칭찬을 하고 꽃병을 가져올 사람이 없느냐 했더니 4명 모두 고개를 숙였다. 내일은 내가 꽃병을 사와야겠다고 생각했다.

　꽃병을 교실에 가져오자 모두 반겼다. 그러나 윤정이가 가지고 온 꽃은 며칠을 가지 못하고 시들고 말았다. 그러자 며칠 후부터 아카시아 꽃이 피기 시작하더니 온 산이 아카시아 향기로 가득했다. 출근을 하면서 산길을 오다가 아카시아 한 송이를 꺾어 왔다.

아카시아 꽃은 향기가 좋고 꽃송이가 탐스럽지만 빨리 시드는 것이 흠이다. 야생화 중에 일년초들이 특히 빨리 시들어 버린다. 교실에 들어오니 어제 꽂아 둔 꽃이 시들어 버렸다. 주번을 시켜 쓰레기통에 버리라고 했더니 윤정이가 "꽃을 꺾어 올까요?" 했다. 몇 발짝만 나가면 지천으로 핀 것이 아카시아 꽃이다. 우리 교실에서 5미터 정도에도 꽃이 피어 있다. 윤정이가 꽃병을 들고 나가니 소영이도 따라 나섰다. 그러다 보니 웅렬이도 남자라고 내가 가야 한다며 자리에서 일어서는데 벌써 교실 출입문을 나서고 있으니 말릴 상황은 아니었다. 뱀 조심하라고 일러 주고는 하던 일을 마저 했다. 자리는 4명이 앉았다가 3명이 나갔으니 다영이 혼자 앉아서 책을 보고 있었다. 한참이 지났는데도 오지 않았다. 교실 창문을 열고 언덕을 올려다보니 소영이는 화병을 들고, 윤정이는 나뭇가지를 들고, 웅렬이는 아카시아 가지를 후려잡고 있었다. 혹시 잘못될까 싶어 조마조마했지만 이미 벌어진 일이라 그대로 두고 보기로 했다. 아카시아 꽃을 꺾기 위해 가지를 후려잡으려는 윤정이와 손으로 잡으려는 웅렬이가 한데 엉키어 난리 법석을 떨고 있었다. 더 이상 두고 볼 수 없어서 그만하고 오라고 하니 기어이 아카시아 꽃 두어 가지를 꺾어서 왔다. 교실 화병에 꽂아 두니 어제 꽃보다 향기가 더했다. 내가 꺾어 온 꽃과 학생들이 꺾은 꽃이 다를 수는 없지만 느끼는 향기는 학생들이 꺾어 온 것이 더했다.

아카시아 꽃이 피어 있는 교실, 그 속에서 수업하시는 선생님과 공부하는 학생 모두가 기분 좋은 하루가 되기를 빌어 본다.

그래도 행복한 날

　관내 교장선생님의 모임이 있는 날이다. 관내 교장회의를 학교별로 돌아가면서 하는 모양이다. 며칠 전부터 회의 장소인 도서관을 청소하고 책상을 모아 흰 종이를 깔고 다과를 준비하고 일정을 짜고 회의 순서를 LCD 화면에 띄우려고 준비를 했다. 출근을 하니 등교하는 학생을 잡고 청소를 시켰다. 우리 반 4명 중 2명은 청소로 차출되었는지 교실에 없었다.

　첫째 시간을 마치고 2교시를 준비하기 위해 책을 뒤지는데 현관 앞으로 차가 들어오는 소리가 났다. 몇 시에 시작하는지 눈여겨보지 않았으므로 알 수는 없지만 아마 10시 정도가 아닌가 싶었다. 오늘 내 수업은 1교시와 2교시 그리고 6교시가 있었다. 지난해까지만 해도 내가 모든 것을 준비했는데 이제는 그럴 필요가 없다.

　2교시 수업 중에도 차가 들어오는 소리가 들렸다. 수업을 마치고 현관에 내려오니 실내화가 구두로 바뀌어 있었다. 아마 거의 온 것 같았다. 관내 교장선생님들은 교육장님을 합하여 스무 명 정도 되는데 그 중에 반 이상은 나와 깊은 인연이 있는 분들이었다. 교육장님만 하더라도 교사시절 좋은 소리 싫은 소리 하며 함께한 몇 년 선배이다. 교장선생님 중에는 후배도 있고 동기도 있다. 교사 시절 학생을 위하여 함께 노력하던 사람들이다. 모임에서 친분을 쌓은 분도 있다. 교장선생님과 교사라는 차이도 인정해야 하지만 내 늙은 모습을 보이기 싫은 것이 한몫 한 것이다.

가사실 정수기 앞에서 물병에 물을 넣는데 교무보조가 달려와

"○○교장선생님이 찾습니다."

물을 먹던 나는 만나기도 싫지만 장난기가 발동하여

"없다고 하세요."

하는데 가사실로 ○○교장선생님이 들어오며 미소를 지었다. 나는 오버액션을 하여 허리를 90도 이상 굽히며

"아이고, 교장선생님, 정말 오랜만입니다."

친구 이상으로 친하던 전임교 동료였다. 현관으로 나오자 물 묻은 손도 마다하지 않고 한몫에 여러 명이 악수를 청해왔다. 나는 이번에도 오버액션을 하여 허리를 굽히고 인사를 했다. 동료 여선생님이 교장이 되어 현관 저쪽에 들어오고 있었다. 피하려던 내 시선과 마주쳤다. 피할 수 없는 상황이면 반갑게 맞이함이 옳다는 판단을 하자 큰 소리로

"교장선생님 예뻐지셨습니다."

"그렇게 고생했는데 승진을 포기했다면서요."

“포기가 아니라 하지 못하는 것입니다.”

“정말 학교마다 가서 험한 일 다 하시며 고생하셨는데…….”

말끝을 흐리는 그 여교장선생님은 나를 너무 측은하게 보는 것 같았다. 여러 사람이 모인 곳에 가지 않으려 했는데 현관에 서 있다 보니 모두를 만날 수밖에 없었다.

교무실에 들어와 평소 동호회에서 편하게 지내던 분이 8월 말이 정년퇴임이라기에 내 자리에서 이야기를 나누고 있는데, 바로 전임교에서 나와 함께 근무성적을 다투던 사람, 그러나 불편함 없이 서로를 위로해 주던 분이 들어왔다. 물론 나를 만나려고 온 것이다. 내 이름을 부르며 들어오던 그는 나와 눈이 마주치자

“아직도 다른 학교에 안 가고 여기 있었어.”

그는 반가움의 표현을 그렇게 했다. 나도 뒤질세라 한마디 했다.

“아직도 정년퇴직 안 하고 있었네.”

교무실의 모든 사람들이 웃어 주었다. 나를 찾아오는 선생님 그것도 교장이 되어서 찾아오는 그분들이 고마웠다. 피하려고 다짐하던 조금 전의 나를 부끄럽게 만들었다. 승진하지 못해 무척 부끄러운 날이 되리라 예상했는데 그래도 행복한 날이라고 말하고 싶다.

일과 중에 당구 치다
교장에게 불리어 가다

당구장에서 내 다음으로 나이 많은 사람과 당구를 쳤다. 2교시가 한문과 바뀌었기 때문에 1교시를 했으니 6교시만 하면 오늘 수업은 끝이다. 2교시가 바꾸어진 줄도 모르고 2학년 교실에 들어갔다가 한문과 바뀌었다기에 교무실로 내려왔다. 책을 읽을까 업무를 볼까 망설이고 있는데 Y선생님이 내게 다가왔다. 그가 내게 오는 것은 당구를 치자고 오는 것이다.

"왜? 심심해요?"

"일이 손에 잡히지 않아서요."

"그러면 3층으로 갑시다."

평소에도 일이 손에 잡히지 않으면, 수업이 없으면 당구장으로 갔다. 학교에 당구장이 3년 전에 생겼다. 처음에는 칠 줄을 모르니 당구장에 얼씬도 하지 않았다. 그러다 지난해부터 조금씩 치기 시작했는데 이제는 재미를 붙이고 있었다. 주로 점심시간에 치는 것을 원칙으로 했으나 어떤 때는 오전 일과 중에도 한두 번 친 일이 있다.

당구를 2판 정도 쳤는데 교무보조가 출입문을 열었다.

"아! 여기서 당구를 치고 있었군요. 교무실에 부침개를 했는데 드시러 오세요."

"알겠습니다."

우리는 치던 당구라 계속 치고 있었다. 또 한 게임이 끝나 갈 무렵 내 핸드폰이 울렸다. 열어 보니 학교장이라고 쓰여 있었다.

"예, 교장선생님"

"두 분 교장실로 오세요."

나는 바로 같이 게임을 하던 사람에게 학교장이 부른다고 전해 주고 치던 당구를 계속 쳤다. 당구를 친다고, 치지 말라고 부른 것은 뻔한 일이다. 가서 무어라고 하지? 안 친다고 무조건 말할까? 학교장도 오후에 테니스를 치는데 시비를 걸어 볼까? 다른 직원들도 탁구를 치는데 걸고넘어져 볼까? 그동안 나에게 섭섭하게 한 것을 이야기해 볼까? 교장선생님이니까 훈계를 하는 것을 참기로 할까? 한 번 참으면 다른 일로 연결되는 것을 막을 수 있는데 참아 볼까? 당구가 되지 않았다. 그러다 게임은 끝이 나고 벗었던 옷을 입으면서 그저 아무 소리 하지 말기고 결심을 하고 계단을 천천히 내려왔다. 교장실 옆 화장실에서 손을 씻고 소변을 본 다음 다시 마음을 진정시키고 교장실 문 앞으로 갔다. 내 교직 생활에서 교장선생님과 싫은 소리를 한 적이 몇 번 있었던가? 다섯 손가락도 꼽지 못할 만큼 거의 없다. 남에게, 특히 교장 교감에게 싫은 소리를 듣지 않으려고 얼마나 노력해 왔던가? 싫은 소리를 들어 좋아할 사람은 없겠지만 나는 싫은 소리를 들으면 며칠을 고민하고, 끝내는 그 싫은 소리가 좋은 소리가 되도록 하려고 열심히 노력했다.

교장실에 들어가니 교장선생님은 아무 일 없다는 듯, 곧 닥쳐올 폭풍을 기대하라는 듯 얼굴이 편안해 보였다.

"부른 것은 다름이 아니라 방과 후 활동 시간을 늘리려고 하는데 두 분 생각은 어떤지 묻고 싶어서입니다."

긴장했던 나는 한숨을 쉬었다. 내 한숨소리가 교장선생님에게 들렸는지 왜 그러느냐고 했다. 나는 그저 아무 일 아니라고 했다. 교장선생님이 무슨 말을 하는지 하나도 들리지 않았다. 그저 '예! 예!'로 일관했다. 교장선생님은 평소 나답지 않는 행동이 이상했던지 하던 말을 멈추고 나를 뚫어져라 바라보았다.

나는 무엇인가 해야 될 말이 있는 사람처럼 교장선생님을 바라보았다. 교장선생님은

"가셔도 됩니다."

그 말을 듣고도 한참을 그러고 있다가 아무 소리 없이 일어서서 출입문으로 나왔다.

밖에 나와서 곰곰이 생각해 보니 일과 중에 당구를 친 것을 꾸중하려다 차마 꾸중을 하지 못하고 화제를 다른 곳

으로 돌린 것이 아닌가? 그렇다면 나는 지금 꾸중을 들은 것보다 더 반성을 해야 되는 것이다.

점심밥도 먹기 싫어 제일 먼저 식판을 비웠다. 담배를 피워도 너무 머리가 복잡하고 걸음을 걸어도 발이 땅에 디뎌지지 않았다. 그러다 지금 점심시간이니 당구장에 가서 생각을 정리해 보기로 했다. 당구 때문에 머리가 복잡해졌으니 당구를 치면서 정리하는 것이 순서일 것 같았기 때문이다.

아침에는

　지난해 보다 조금 늦게 출근한다. 내가 하는 일이 바뀌었기 때문이다. 지난해는 7시 50분 정도 출근했는데 금년에는 8시 경 학교에 도착한다. 교무실에 들어서면 잠자던 책상서랍을 열고 노트북을 꺼내어 전선을 꽂고 인터넷 선을 연결한다. 오늘 주어진 일을 열심히 수행 하려면 준비를 해야 하는 것이다. 노트북은 부피가 작아서 책상위에 두기가 겁이 난다. 큰 컴퓨터 같으면 넣을 대가 없으니 그대로 두겠는데 노트북은 누가 들고 간다 해도 쉽게 가져 갈 수 있어서 책상 위에 두고 퇴근하기란 쉬운 일이 아니다. 그러다 보니 퇴근 때는 책상서랍에 넣어야 하고 출근해서는 새로 줄을 이어야 하는 번거로움이 있다. 그러나 번거롭다 생각해 본 적은 없다. 직원용 컴퓨터가 노트북으로 교체 된 학교가 많지 않기 때문에 노트북이라는 자부심으로 즐겁게 서랍에 넣었다 꺼냈다를 오늘도 반복한다.

　컴퓨터를 켜자마자 인터넷에 연결하여 나에게 온 메일을 점검하고 카페를 열어 어제 저녁 동안 회원들의 동정을 살펴본다. 큰 글자의 뉴스를 대강 훑어보고 메인화면으로 돌려두고 자리에서 일어선다.

어제 읽다가 꽂아 둔 책을 뽑아 들고 교실로 올라간다. 교실이 2층에 있고 교무실은 1층에 있기 때문에 계단을 올라야 한다. 내가 교실 문을 열고 들어서는 순간이 8시 10분이니 우리 반 4명의 희비가 엇갈리는 순간이다. 지각이라는 기준이 내가 교실에 들어서는 10분이기 때문이다. 지각하는 사람은 거의 없다. 한 달에 한명 정도 지각을 하는데 지각하는 사람은 알아서 교실 마루를 5분간 닦는다.

닫혀진 창문을 열라는 말 외에는 아무 말도 하지 않는다. 나는 책을 읽고 그들은 예습을 하거나 복습을 한다. 그렇지 않으면 학원 가느라 하지 못했던 숙제를 한다. 그것도 아니면 나처럼 책을 읽는다. 많은 학생들이 웅성거리는 교실은 상상만 해도 싱그러운 아침인데 우리 반은 그렇지 못하다. 좀 떠들었으면 좋겠다는 생각이 들 정도로 언제나 조용하다. 50분까지가 아침자습 시간인데 40분 정도 책을 읽고 나면 나는 자리에서 일어난다. 교실을 둘러보기 위해서가 아니다. 청소가 덜 되었다고 잔소리를 하기 위해서는 더욱 아니다. 자리에 앉아있는 학생들에게 창밖을 내다보기를 권한다. 창밖에는 계절마다 다른 색깔의 식물이 자리하고 있기 때문이다. 봄에는 연한 녹색, 여름에는 짙은 녹색, 가을에는 단풍이 겨울에는 흔들리는 갈대 사이에 푸른 소나무가 보이기에 그렇게 권한다. 교실 밖은 바로 산이다.

　　교실을 나오면서 오늘 배울 시간표를 함께 읽으며 걱정을 한다. 무슨 과목에 무슨 숙제가 있는지 무엇이 힘 드는지 잠시 이야기를 나눈다. 학생들은 휴식시간이라 화장실에 가거나 볼일이 있어 밖으로 나가지만 나는 창밖에 시선을 둔 채 1교시가 시작될 때까지 그렇게 서 있다. 어제 미루어 두었던 일을 생각하고 오늘 할일을 걱정하고 어제 있었던 가정 일을 해결하려고 노력하는 시간이다.

시골길과 다람쥐

출근길이다. 이른 아침에 한적한 시골길을 달리는 기분은 고향으로 가는 설레임이다. 때로는 안개 자욱한 길을 달리는 날이면 나만의 시간을 즐기는 호젓함이 있어 더욱 좋다. 아무도 없는 길, 다가오는 차도 없고 사람들도 보이지 않는다. 그저 시골집 몇 채가 차창으로 다가왔다가 사라진다. 논밭은 어제 그대로이다. 아침 일찍 갔다가 저녁에 돌아오는 길이니 농부들이 일하는 모습을 보는 것도 쉽지 않다.

아무도 없는 길이라 조심 할 필요도 없다. 바쁘면 빨리 가고 그렇지 않으면 자전거 속도로 가기도 한다. 아카시아 꽃이 피는 계절이나 단풍이 곱게 물드는 가을은 멈추어 서기도 한다. 우연히 대향차라도 오면 피한다기 보다 반가움이 앞선다.

간혹 있는 일이지만 오늘은 좀 별난 만남이 있었다.

저수지가 저 만치 보이는 곳에서 작은 커브를 돌아 서려는데 길섶에서 나온 다람쥐 한 마리가 길을 건너는 것도 아니고 제자리에 있는 것도 아닌 어정쩡한 위치에 있었다. 그저 길섶에 놀고 있다는 표현이 맞을 것이다. 그냥 지나가

면 다람쥐는 앞바퀴에 치일 정도의 위치에 있었다. 다람쥐
가 길을 건너던지 아니면 길섶으로 비켜주던지 해야 하는
데 그 녀석은 내 차를 전혀 의식하지 않는 눈치다. 내 차
의 속도를 줄이며 다가갔는데 그는 길을 내줄 생각이 없는
지 아니면 잠에서 덜 깼는지 그 자리에서 멈칫멈칫 했다.
반대 차선으로 돌아서 가기에는 너무 가까이 와 버려서 급
기야 차를 급정거 할 수밖에 없는 상황이 되고 말았다. 조
수석에 놓인 물병과 가방이 앞으로 곤두박질을 치더니 트
렁크에 물건들이 야단법석을 떠는 소리가 들렸다. 아무리
천천히 가던 중이라 해도 차는 차인지라 속도가 있었던 모
양이다. 차를 세우고 다람쥐를 찾아보니 다행히 그는 반대
편 차선을 지나 길을 건너고 있었다. 빨리 가지 않는 다람
쥐는 놀란 기색도 없이 유유히 언덕을 오르고 있었다. 마치
임신한 여인이 큰 배를 내밀고 시내버스에 오르는 걸음 같
았다. 저 다람쥐도 임신한 것일까? 그러고 보니 엉덩이가
펑퍼짐하고 배가 불룩하다. 무엇을 많이 먹어서 그런 것 같
지는 않았다. 분명 임신한 것이다. 그러니 겁이 없는 게지,
겁이 없으니 차가 다가가도 걸음이 빠르지 않고 차가 비켜
가도록 네 갈 길만 간 것이 아닌가?

천천히 싸리나무 가지가 있는 언덕을 오르더니 내 차를
빤히 내려다 봤다. 나도 놀란 가슴을 가라앉히며 그 녀석을
쳐다 봤다. 우리는 한참동안 그러고 있었다. 다람쥐의 말아

올린 꼬리가 바람에 흔들릴 때 까지…….

어제 아침에는 청설모 한 마리가 도로 가운데에서 놀고 있었다. 곧 내 차에 치일 것 같은데 전연 걱정 없이 놀고 있었다. 청설모도 오늘 다람쥐처럼 바쁘지 않는 걸음으로 내 차를 의식하지 않고 길을 건넜는데 내 차는 또 급정거를 하고 차 속의 물건들이 곤두박질을 했었다. 어제는 청설모를 원망했었다. 청설모는 다람쥐처럼 귀엽지 않다. 우선 색깔이 검어서 거부감이 있다. 그리고 꼬리가 몸에 비해 너무 커서 쉽게 다가가기를 거부하는 것 같았다. 두 눈을 굴리며 옆을 경계하는 척 하더니 철망을 순식간에 넘어 사라졌다. 사라지는 청설모를 보며 엉망이 된 내 짐이 걱정되었다. 그래도 한 생명을 구했다는 작은 자부심으로 안도의 숨을 쉬다가 철망 위에서 눈을 굴리고 있는 청설모가 들으라고 크락숑을 한번 울렸었다.

오래전부터 그러니까 그들이 이 세상에 태어나기 전부터 나는 이 길을 다녔는지 모른다. 그들은 나를 알 것이다. 내 차는 천천히 가는 차이며 그들을 피해 가는 차라는 것을, 아니 내 차의 번호도 기억할런지도 모른다. 5년이나 아침 저녁으로 다녔으니 이제는 먹이라도 주지 않느냐고 시위를 했는지 모른다. 아직 먹이를 줘 본적은 없다. 그저 그들이 다칠까봐 피해주는 것이 고작이었으니 이제는 좀 친해 볼 수 없느냐는 시위였다면 기꺼이 받아 주어야겠다.

독자의 편지 모음

　　학교홈페이지와 메일 그리고 사신을 통하여 격려의 말이나 소감을 적어 보내 주신 분들의 글을 소개하고자 합니다. 이 소감들이 내 글을 이해하는 데 조금이라도 도움이 되었으면 합니다.

편지 1

　　선생님께서 도교육청에 게재하는 '안평 가는 길'을 잘 읽고 있습니다. 요즘 갖가지 생각과 주장들로 교육계에도 다양성이 많이 증대되고 부각되는 것 같은데, 선생님의 글을 읽고 진정한 교육의 자세는 어떤 것일까 하는 생각도 해 보기도 했습니다.

　　저는 안평중학교 졸업생으로서 선생님께서 통근하시는 길을 다녀 고향에 오가기도 합니다.

　　그저 세상을 무심코 지나는 나란 존재에게 주어지는 주변 환경이 이렇게 아름다운 것인 줄을 미처 깨닫지 못한 저 자신을 발견한 것 같습니다. 저는 어릴 적 안평에 살고 크면서 또 타지로 나가 생활하면서 그저 안평은 따분하고 삶의 고단함만이 있는 것으로 느껴졌었는데, 선생님의 글을 읽고 재차 소중한 고향의 가치를 되돌아보는 계기도 된 것 같습니다.

여러 가지 생각이 있어 도교육청 홈페이지에 올리려 하다가 이렇게 학교홈피에 올려 봅니다.

물론 개개인의 생각이 좋고 나쁨이 있겠지만, 선생님께서 게재하시는 글 계속 게재되었음 합니다.

선생님 글에 대해 부정적으로 보는 이의 글도 또한 읽었습니다. 그는 그들의 생각이고 순수 속에 아름다움을, 진흙 속의 진주 같은 값진 글을 부탁합니다. 아무쪼록 새삼 고향에 대해 또 안평중 모교를 한 번 더 떠올리게 해 주신 선생님께 감사드립니다. 2005년 7월 15일 학교 홈페이지에서(어느 졸업생)

편지 2

언제 읽어도 아름다운 글입니다.

안동에서 안평 가는 길에 대한 표현에 감동을 받아서 글을 올려 봅니다. 아름다운 글을 읽게 되어 기분이 좋습니다. 안동에서 안평까지 늘 오고 간 길이지만, 이 글을 읽으니 지금 가고 있는 느낌이 듭니다.

값진 글 감사합니다.

편지 3

　아침에 도교육청 홈페이지에서 선생님의 안평 가는 길을 읽게 되었습니다. 유년의 그 풍경들을 별로 그리워해 본 적이 없는데, 선생님이 풀어내신 안평 가는 길은 새삼 그 시절을 돌아보게 합니다.

　저도 교실 화분에 고추와 나팔꽃과 강낭콩이 녹색으로 자라고 있습니다. 유심히 보니 안평을 뒤집으니 평안이더군요. 작고 소박한 학교와 무뚝뚝하지만 속으로 인정머리가 있는 소수의 학생들, 선생님께 참 잘 맞는 모습인 듯합니다.

편지 4

　안평 가는 길을 읽고

　이 선생님, '안평 가는 길' 잘 읽었습니다. 제가 안평에서 1년간 근무했기 때문에 관심을 가질 수밖에 없습니다. 저도 그 당시 국어 교사로서 독서지도에 신경을 쓰며 열심히 노력했습니다. 국어 수업시간에 독서토론회를 자주 열어서 학생들에게 독서의욕을 불어넣었지요. 그리고 교사 뒤편에 텃밭은 공동으로 가꿔서 고추랑 상추랑 따 먹었던 기억이 납니다. 그리고 테니스장에 드럼통으로 되어 있는 난로에 불을 지피고 그 위에 고기를 구워 먹으며 테니스를 치던 시절이 6년 전이었지요.

의성이 고향이라서 더욱 관심 있게 안평에서 노력했는데 1년 만에 구미로 떠나왔지요.

안평의 글 관심 있게 읽겠습니다.

좋은 글 부탁드립니다.

05. 10. 08 선주고등학교 김○○ 올림

편지 5

이인우 선생님을 생각하며……

저는 안평중학교와는 아무 상관이 없는 지금은 구미시 광평초등학교에 근무하는 홍○○입니다. 경상북도교육청 '교육 함께 생각합시다'에 접속하여 선생님의 글 <안평 가는 길 26>까지의 글이 부담이 없고 아동지도와 변해 가는 우리 농촌의 아름다움을 잘 표현해 주었고, 정이 넘치는 안평중학교의 생활모습들이 좋아서 자주자주 읽어 봅니다. 원래 글쓰기를 너무 못하는 사람입니다. 선생님의 글을 읽으면 1980년대에 10여 년을 의성 도덕, 봉양, 쌍호를 근무한 생각이 많이 나고 더구나 멀리 벽지 학교인 쌍호초등학교에 근무할 때 일들이 새롭게 떠올라서 선생님께 글을 한 번 띄워 봅니다.

너무나 수려한 글 솜씨와 순박한 표현들이 마음에 와 닿아서 시간이 나면 들러서 다른 글보다 먼저 선생님의 글

<안평 가는 길>을 자주 읽곤 합니다. 저도 안평과 같은 농촌에서 자랐기에 선생님의 글 속에 재미난 이야기들이 친근감이 있고 동감하는 부분이 많아서 너무나 좋습니다. 문학을 하시는 선생님의 참모습을 많은 글들을 통해서 교사의 참모습을 보는 느낌이 들어서 이렇게 염치없이 글을 적어 보았습니다.

가을의 긴 꼬리를 드리우고 있는 이때에 건강에 항상 조심하시고 농촌의 2세 교육에 전념해 주실 것을 감히 부탁드립니다.

안평에서 학교를 다니는 학생들은 선생님이 계셨기에 참으로 행복하다는 것을 느껴 봅니다.

교육계에 몸담고 있는 같은 길을 가는 사람으로, 선생님의 순수함에, 또 글 잘 쓰는 솜씨에 반하여 순서도 없이 적어 보았습니다. 끝까지 읽어 주셔서 감사합니다.

안평중학교의 무궁한 발전을 기원합니다.

2005년 11월 22일 홍○ ○

이인우

■ 약 력

· 1952년 경북 안동 출생
· 석사학위 논문 "김유정 단편소설 연구" [김유정 문학촌] 전시
· 1979년 '가을 낚시'를 새교실에 발표하면서 작품 활동 시작
· 소설「가래나무골」대구대문학상 수상
· 소설「밀어여행」문예사조 당선
· 소설「안개길」로 문예사조 이 달의 소설가(2002. 10) 선정
· 한국소설가협회 회원, 한국문인협회 회원, 안동문인협회 회장
· 소설집「밀어여행」외 다수

안평가는 길

초판인쇄 | 2009년 10월 15일
초판발행 | 2009년 10월 15일

지은이 | 이인우
펴낸이 | 채종준
펴낸곳 | 한국학술정보㈜
주 소 | 경기도 파주시 교하읍 문발리 파주출판문화정보산업단지 513-5
전 화 | 031) 908-3181(대표)
팩 스 | 031) 908-3189
홈페이지 | http://www.kstudy.com
E-mail | 출판사업부 publish@kstudy.com

등 록 | 제일산-115호(2000. 6. 19)

ISBN 978-89-268-0451-3 03040 (Paper Book)
      978-89-268-0452-0 08040 (e-Book)

이담
Books 는 한국학술정보(주)의 지식실용서 브랜드입니다.